定期テスト

JN078291

公民　教育出版版　中学社会 公民

もくじ

取り外してお使いください　赤シート＋直前チェックBOOK,別冊解答

【写真提供】 ＊一部画像はトリミングして掲載しています。
公益社団法人 臓器提供ネットワーク／国連広報センター／[c]apjt /amanaimages／PPS通信社

※第1学年・第2学年では，地理的分野と歴史的分野を並行して学習することを前提に，全国の定期テストの標準的な出題範囲を示しています。
学校の学習進度とあわない場合は，「あなたの学校の出題範囲」欄に出題範囲を書きこんでお使いください。

Step 1　基本チェック　第1章 私たちの暮らしと現代社会

 10分

次の問題に答えよう！　間違った問題には□にチェックをいれて，テスト前にもう一度復習！

❶ 私たちが生きる現代社会　▶ 教 p.14-19

解答欄

□ ❶ 情報の受発信ができる世界中のコンピューターを結ぶ通信網は何か。　❶

□ ❷ 人，もの，お金，情報が地球規模で行き来することを何というか。　❷

□ ❸ ［情報通信技術（ICT）］の発達により，社会が変化することを何というか。▶ 図1　❸

□ ❹ 人間が知能を使う活動で，人間に代わってコンピューターに言語の理解や論理的な思考をさせることを何というか。　❹

□ ❺ 大勢の人々が❶を使って，情報を相互に送受信できるソーシャルメディアのサービスをアルファベット3文字で何というか。　❺

□ ❻ ［合計特殊出生率］が低下し，高齢者の割合が増加することを何というか。▶ 図2　❻

□ ❼ 夫婦のみ，親と未婚の子どもからなる世帯を何というか。　❼

❷ 現代につながる伝統と文化／ 私たちがつくるこれからの社会　▶ 教 p.20-36

□ ❽ さまざまな技術を生み出す知識，学問，研究のことを何というか。　❽

□ ❾ 人々の間で古くから継承されてきた有形・無形の文化を何というか。　❾

□ ❿ 社会の中で，お互いの意見や主張がぶつかることを何というか。　❿

□ ⓫ ❿の解決策を話し合い，解決された状態を何というか。　⓫

□ ⓬ ❿を防ぐために，お互いの利害を調整する取り決めを何というか。　⓬

□ ⓭ 無駄を省く［効率］に対し，全員を尊重する考え方を何というか。　⓭

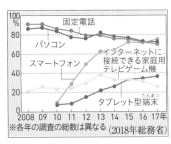

図1　主な情報通信機器の保有率の推移

図2　高齢化率の国際比較

日本は2005年以降，生まれてくる子どもの数よりも，なくなる人の数が多い「超高齢・人口減少社会」を迎えているよ。

Step 2 　予想問題　　**第 1 章 私たちの暮らしと現代社会**

1ページ
10分×3

第1章

【 グローバル化の影響・人工知能と変わる社会 】

❶ 次の問いに答えなさい。

□ ❶ 次の⑦～⑨は，ある生徒が最近の社会のようすについて考えた文です。
それぞれにふさわしいタイトルを，グローバル化・情報化・人工知能の中から選びなさい。

⑦　　コンピューターを接続して情報の伝達や商品の売買などを行っている。

④　　膨大（ぼうだい）なデータの分析によって，ある街の人の集中状況（じょうきょう）を発信している。

⑨　　日本の企業（きぎょう）が海外へ進出したり，外国人の労働者が日本で活躍（かつやく）している。

⑦（　　　　　）　　④（　　　　　）　　⑨（　　　　　）

□ ❷ インターネットの説明として正しいものを，次から 1 つ選びなさい。　（　　　）

⑦ インターネットで扱う情報は，迅速で正確であるため，すべて信用できる。

④ インターネットを利用した犯罪は，警察の対応や法律の改正で最近は減少している。

⑨ インターネットを使う場合，情報を読み取る力と発信するモラルが必要である。

【 進む少子高齢化社会 】

❷ 右のグラフを見て，次の問いに答えなさい。

□ ❶ グラフ中とタイトルの（　　）には，一人の女性が
生涯（しょうがい）に産むことが見込まれる子どもの数を示す
語句が入ります。この語句を答えなさい。

（　　　　　　　）

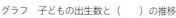
グラフ　子どもの出生数と（　　　）の推移

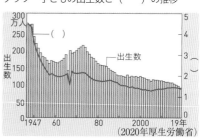
（2020年厚生労働省）

□ ❷ ❶について，次の文中の①～④にあてはまる語句を
あとの⑦～⑩から選びなさい。

日本の（　①　）が進んだ背景には，仕事と（　②　）が両立できる環境（かんきょう）が整っ
ていないこと，結婚年齢（けっこんねんれい）が（　③　）こと，教育費の負担などによって，❶が
（　④　）ことが挙げられる。

⑦ 子育て　　④ 少子化　　⑨ 低下した　　⑤ 高齢化　　⑥ 高くなった　　⑩ 習い事

①（　　　　　）　　②（　　　　　）　　③（　　　　　）　　④（　　　　　）

・・

💡ヒント ❶❶④新型コロナウィルスへの対応として，人の集中度の調査などにも使われています。

❌ミスに注意 ❶❷⑦マスメディアの情報と比較してみましょう。

【 暮らしの中の文化 】

❸ 次の問いに答えなさい。

□ ❶ 次のことがらにあてはまる文化の領域を，科学・宗教・芸術からそれぞれ選びなさい。
また，いずれにもあてはまらない場合は，×を書きなさい。

　㋐ 高性能のスマートフォンが使われる。

　㋑ ナイフやフォークを使って食事をする。

　㋒ 音楽や映画を鑑賞する。

　㋓ 初詣で神社に参詣する。

□ ❷ 図中の傍線部 a について，ひな祭りのように
毎年同じ時期に行われる行事を何といいますか。

□ ❸ ひな祭りで行うこととして正しいものを
㋐〜㋓から選びなさい。

　㋐ 短冊などをささに飾る。

　㋑ 稲の収穫を祝う。

　㋒ 女子の健やかな成長をいのる。

　㋓ 先祖を供養する。

□ ❹ 図中の傍線部 b・c について，
影響を受けた宗教をそれぞれ答えなさい。

　　　　　　　　　　b

　　　　　　　　　　c

【 グローバル化する社会と日本の文化 】

❹ 次の文章を読んで，あとの問いに答えなさい。

日本で，長い年月にわたり大切に受け継がれてきた有形・無形の文化を（　Ⓐ　）という。
（　Ⓐ　）の中には，専門家が受け継いできた文化と，衣食住，あいさつの仕方，祭り
などの（　Ⓑ　）文化がある。近年では，日本の歴史的な建造物や自然などが（　Ⓒ　）
に登録されることが増えている。

□ ❶ Ⓐ・Ⓑにあてはまる語句を答えなさい。

　　　　　　　　　　　　　　Ⓐ　　　　　　　　　　　　　Ⓑ

□ ❷ 下線部の文化にあてはまらないものを，㋐〜㋓から選びなさい。

　㋐ 歌舞伎　　㋑ 能楽　　㋒ 大相撲　　㋓ 漫画

□ ❸ Ⓒについて，日本の合掌造りの集落や原爆ドームなど，人類共通の財産として保護すべき
自然環境や文化財のことを何といいますか。

・・・

ヒント ❹❸文化遺産，自然遺産，複合遺産の総称です。

ミスに注意 ❸❷これと違い家族で行われる非日常的な行事を一般に「冠婚葬祭」といいます。

［解答 ▶ p.1］

【 対立から合意へ 】

5 次の文章を読んで，あとの問いに答えなさい。

社会生活では，対立が起こることがある。対立をくり返さないためには集団の中や集団どうしで（　Ⓐ　）を作る必要がある。（　Ⓐ　）は，私たちの（　Ⓑ　）を守っているので，私たちは（　Ⓐ　）を守る責任と義務がある。

□ 1 文中のⒶ・Ⓑ，表中のⒸ・Ⓓにあてはまる語句を書きなさい。

Ⓐ（　　　　　）

Ⓑ（　　　　　）

Ⓒ（　　　　　）

Ⓓ（　　　　　）

決定の方法	長所	短所
意見が一致（いっち）するまで（　Ⓒ　）で話し合って決める	（　Ⓒ　）が納得できる	①（　　　）
複数の代表者が話し合って決める	②（　　　）	③（　　　）
第三者が（　Ⓓ　）で決める	早く決定できる	当事者の意見が反映されにくい
多数決で決める	④（　　　）	⑤（　　　）

↑話し合いと決定の主な方法

□ 2 それぞれの決定の方法の長所と短所について，表中の①～⑤にあてはまるものを，㋐～㋔から 1 つずつ選びなさい。

㋐ 少数意見が反映されにくい

㋑ 一定の時間内に多くの人の意見を反映して決定できる

㋒ 全員の意見がうまく反映されないこともある

㋓ 全員で話し合うよりは早く決まる　　㋔ 決定までに時間がかかることもある

【 効率と公正 】

6 次の図は，対立から合意へのプロセスを示しています。㋐～㋔にあてはまる語句を，[　　]から選びなさい。

結果　効率　手続き
無駄（むだ）　機会

㋐（　　　　　）

㋑（　　　　　）

㋒（　　　　　）

㋓（　　　　　）

㋔（　　　　　）

対立

↓

（　㋐　）	場所，時間，お金，労力などを（　㋑　）なく使ってより多くの成果を得ることができたか。
公正	（　㋒　）の公正さ…話し合った結果が一部の人にとって不利益なものになっていないか。
	（　㋓　）の公正さ…一部の人の利益や参加の機会が不当に制限されていないか。
	（　㋔　）の公正さ…関係するすべての人が対等な立場で話し合いに参加しているか。

↓

合意

[ヒント] 5 1 ⒸとⒹには人数に関する語句が入ります。

[ミスに注意] 5 2 決定の方法から考えられる長所と短所を整理しましょう。

Step 3 予想テスト　第１章 私たちの暮らしと現代社会

30分　/100点　目標 70点

❶ 次の問いに答えなさい。 各６点，❺10点

□ ❶ 総人口に占める子どもの割合が小さくなり，高齢者(こうれいしゃ)の占める割合が大きくなる社会を何といいますか。

□ ❷ グラフの「生産年齢(ねんれい)人口」は，何歳(さい)以上何歳未満までの人口を指しますか。

□ ❸ ❶が進む社会の問題点として正しくないものを，㋐～㋓から選びなさい。[技]

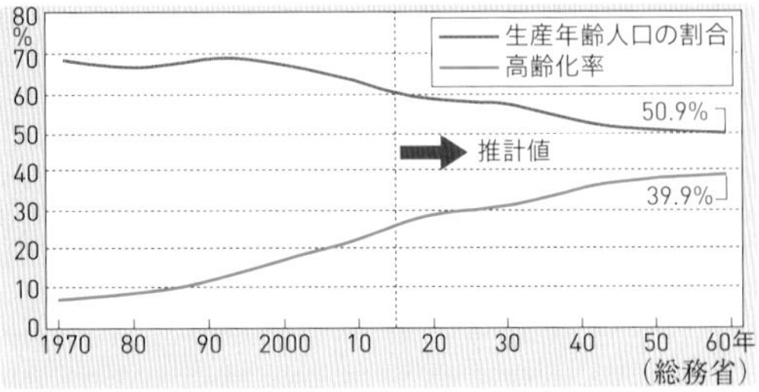

↑総人口における生産年齢人口の割合と高齢化比率の推移

㋐ 山村部の村などに若い人が減り，生活環境(かんきょう)の維持(いじ)が難しくなる。

㋑ 年金や医療(いりょう)，介護(かいご)などの一人あたりの負担額が大きくなる。

㋒ 出生率が死亡数より低くなり，人口が減少する。

㋓ 結婚年齢が上がり，労働と育児の両立がしやすくなる。

□ ❹ 情報化が進む中，必要とされる「メディアリテラシー」とは何ですか。㋐～㋓から選びなさい。

㋐ すべての情報を入手する方法。　　㋑ 情報を選択し，有効に利用する能力。

㋒ さまざまな情報を集める資金。　　㋓ インターネットに表示される情報。

□ ❺ さまざまな通信機器が普及(ふきゅう)して，ソーシャルメディアが発達したことで増えているトラブルを，「個人情報」という語句を用いて簡単に書きなさい。[思]

❷ 次の問いに答えなさい。 各４点，❷各５点

□ ❶ 私たちが生まれて初めて出会う最も身近な社会集団は何ですか。

□ ❷ あなた自身が所属している社会集団は何ですか。❶以外に２つ挙げなさい。

□ ❸ 次のⒶ・Ⓑにあてはまる決定の仕方をそれぞれ何といいますか。

Ⓐ 全員の判断を聞き，最も賛成が多かった意見を採用するもの。

Ⓑ 話し合いの結果，全員が納得した意見を採用するもの。

□ ❹ 次のⒶ～Ⓒは，右の資料中の**ア**・**イ**どちらの観点の考え方ですか。それぞれ記号で答えなさい。

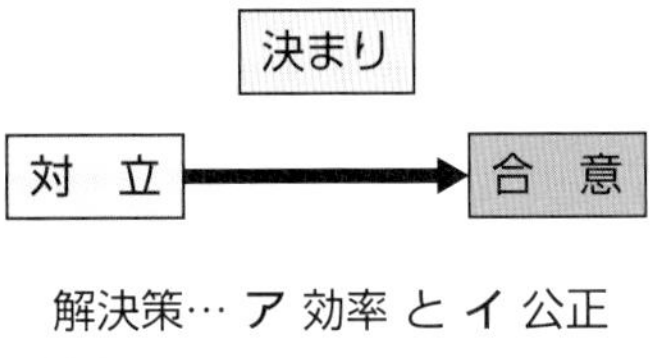

↑対立と公正

Ⓐ 全員が参加しているかどうか。

Ⓑ 立場が入れかわっても受け入れられるかどうか。

Ⓒ 無駄(むだ)が出ないかどうか。

❸ 次の文を読んで，問いに答えなさい。　各4点

最近，私たちの生活は，めざましく便利になっている。例えば，（　Ⓐ　）でのショッピングによって，実際にスーパーマーケットに行かなくても商品が送られてくるようになった。さらに，Ⓐを通じて購入した電子書籍をスマートフォンや（　Ⓑ　）型端末で読むことにより，実際に書店に行って購入しなくても本の内容がわかるようになった。これらは，<u>情報通信技術</u>の発達による。しかし，情報が果たす役割が大きくなったため，私たちは情報と正しく向き合うことが求められている。

☐ **❶** 文中のⒶ，Ⓑにあてはまる語句を答えなさい。

☐ **❷** 下線部の1つとして，商品やサービスの代金の決済を，電子的なデータの送受信によって行い，現金のやり取りを省ける決済方法を何といいますか。

☐ **❸** 下線部について，㋐情報通信技術と㋑人工知能を
それぞれアルファベットの略称で答えなさい。

☐ **❹** 次の表は，日本の年中行事をまとめたものです。
表中の㋐～㋒にあてはまる行事名を答えなさい。

1月	正月➡寺社への（ ㋐ ）	7月	七夕
2月	節分	8月	お盆(一部の地域では7月中旬)
3月	桃の節句➡（ ㋑ ）	9月	月見，お彼岸
4月	花まつり	10月	ハロウィーン
5月	端午の節句	11月	15日➡（ ㋒ ）
6月		12月	クリスマス，大晦日，除夜

❶	❶		❷		歳以上		歳未満
	❸		❺				
	❹						
❷	❶		❷				
	❸ Ⓐ		Ⓑ		❹ Ⓐ	Ⓑ	Ⓒ
❸	❶ Ⓐ		Ⓑ		❷		
	❸ ㋐		㋑				
	❹ ㋐		㋑		㋒		

❶ ／34点　**❷** ／34点　**❸** ／32点

Step 1 基本チェック　**第2章 個人を尊重する日本国憲法①**　　10分

次の問題に答えよう！　間違った問題には□にチェックをいれて，テスト前にもう一度復習！

❶ 日本国憲法の成り立ちと国民主権　▶教 p.40-45　　解答欄

□ ❶ 人が生まれながらにして，もっている権利を何というか。　　❶

□ ❷ 第二次世界大戦の国家による大規模な人権侵害の反省として，
1948年に採択された宣言は何か。　　❷

□ ❸ 憲法 によって国家権力を制限し，国民の人権を保障しようとする
ことを何というか。▶図1　　❸

□ ❹ 日本国憲法 の基本原理は，国民主権 ，基本的人権の尊重
と何か。▶図2　　❹

□ ❺ 象徴天皇制 の下で天皇が行う行為を何というか。　　❺

❷ 憲法が保障する基本的人権①　▶教 p.46-57

□ ❻ 人が幸福に生きるために必要なすべてのことを
保障される権利を何というか。　　❻

□ ❼ 1997年に制定された，アイヌを民族として初めて
法的に位置づけた法律を何というか。　　❼

□ ❽ 日本国憲法の第24条に規定された，男性と女性は
本来平等であるということを何というか。　　❽

□ ❾ 1993年に制定された，障がいのある人の自立や社会参加の支援を
目的とした法律を何というか。　　❾

□ ❿ 日本国憲法が保障する 自由権 は，3つに分けられるが
身体の自由 ・ 経済活動の自由 と何か。　　❿

□ ⓫ 民主主義国家において，政治と宗教は分けるべきである
という考え方を何というか。　　⓫

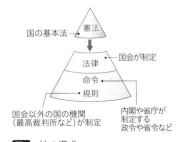

図1 法の構成

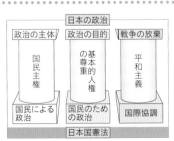

図2 憲法の三つの基本原理

日本は権力者による人の支配ではなく，憲法によって権利が守られる，法の支配のしくみを取り入れているよ。

Step 2 予想問題　第 2 章 個人を尊重する日本国憲法①

1ページ 10分×3

【憲法を支える考え方】

❶ 次の問いに答えなさい。

□ ❶ ㋐～㋒の説明文にあてはまる自由・平等権の獲得を主張した思想家の名前をそれぞれ書きなさい。

㋐ 人民主権を主張したフランスの思想家。

㋑ 専制政治を批判(ひはん)し，民主政治を主張したイギリスの思想家。

㋒ 権力の分立を主張したフランスの思想家。

㋐（　　　）㋑（　　　）㋒（　　　）

□ ❷ Ⓐ～Ⓒの資料名をそれぞれ答えなさい。

Ⓐ 第151条(1)　経済生活の秩序(ちつじょ)は，すべての人に，人たるに値する生存を保障することを目ざす，正義の諸原則に適合するものでなければならない。（1919年ドイツ）

Ⓑ われらは，次の事柄(ことがら)を自明の真理であると信じる。(即(すなわ)ち）すべての人は平等に造られ，造物主によって一定の奪(うば)うことのできない権利を与えられ，その中には生命，自由および幸福の追求が含まれる。（1776年）

Ⓒ 第 1 条　人は，自由，かつ，権利において平等なものとして生まれ，生存する。
第 3 条　あらゆる主権の淵源(えんげん)は，本来的に国民にある。（1789年）

Ⓐ（　　　）Ⓑ（　　　）Ⓒ（　　　）

【日本国憲法の基本的な考え方】

❷ 次の表のⓐ～ⓕにあてはまる語句を，㋐～㋙から選び記号で答えなさい。

大日本帝国(ていこく)憲法		日本国憲法
君主が定める欽定(きんてい)憲法	制定	国民が定める民定憲法
（ ⓐ ）	主権者	（ ⓑ ）
神聖な存在，国家の（ ⓒ ）	天皇	日本国・日本国民統合の（ ⓓ ）
法律によって制限できる臣民(しんみん)としての権利	国民の権利	基本的人権を尊重
（教育）・（ ⓔ ）・納税	国民の義務	普通教育を受けさせる義務・（ ⓕ ）・納税

㋐ 国民　㋑ 公僕　㋒ 天皇　㋓ 象徴　㋔ 元首
㋕ 裁判所　㋖ 勤労　㋗ 大統領　㋘ 労役　㋙ 兵役

ⓐ（　）ⓑ（　）ⓒ（　）ⓓ（　）ⓔ（　）ⓕ（　）

[ヒント] ❶❷ⒷとⒸの宣言は，それぞれ国名が最初につきます。

[ミスに注意] ❷㋘労役は，勤務に対すること。㋙兵役は，軍人に関係することです。

【 国民主権と象徴天皇制 】

❸ 次の問いに答えなさい。

□ ❶ 日本国憲法が定めている国民主権とは，どのような権利ですか。
簡単に書きなさい。
(　　　　　　　　)

□ ❷ 右の図のように，日本国において日本国憲法が法律や
命令・規則よりも上の位置付けにあることを
何といいますか。　(　　　　　　　　)

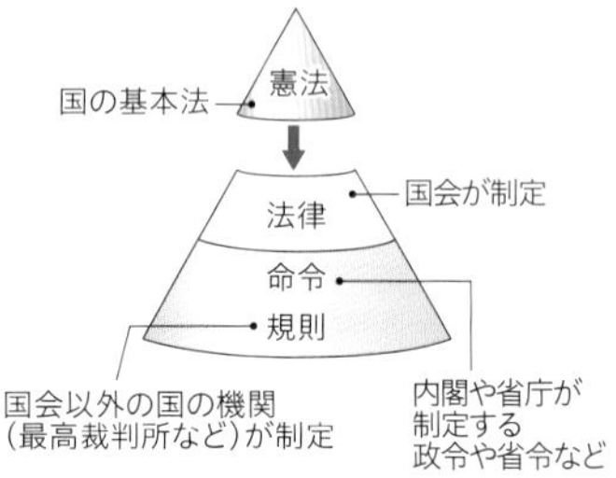

憲法
国の基本法
法律
国会が制定
命令
規則
国会以外の国の機関
（最高裁判所など）が制定
内閣や省庁が
制定する
政令や省令など

□ ❸ 国会が憲法改正の発議を行ったが，
国民投票で有効投票の半数以下の賛成となった場合，
憲法改正案はどうなりますか。
(　　　　　　　　)

□ ❹ 象徴(しょうちょう)天皇制で認められている，天皇が象徴として行う行為(こうい)を何といいますか。
(　　　　　　　　)

□ ❺ ❹の行為として正しいものを㋐～㋒より選びなさい。　(　　　　)
㋐ 内閣総理大臣の任命
㋑ 最高裁判所長官の指名
㋒ 法律の制定

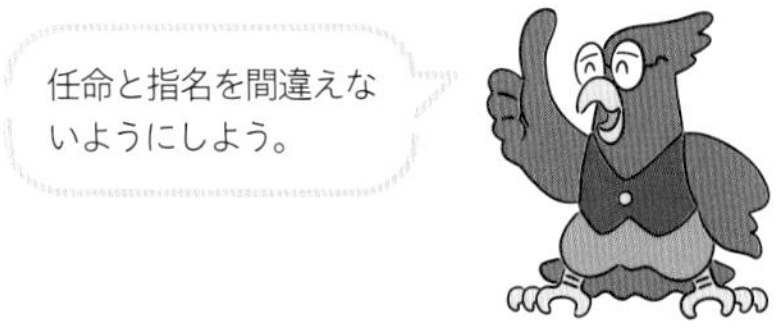

任命と指名を間違えないようにしよう。

□ ❻ ❹の行為は内閣の（　Ⓐ　）と（　Ⓑ　）が必要で，
内閣が❹の行為について（　Ⓒ　）を負います。Ⓐ～Ⓒに入る語句を答えなさい。
Ⓐ(　　　　　　)　Ⓑ(　　　　　　)　Ⓒ(　　　　　　)

【 人権の根源にあるもの 】

❹ 次の問いに答えなさい。

□ ❶ 次の日本国憲法の条文のⒶ～Ⓒにあてはまる語句を，それぞれ答えなさい。

> 第14条①　すべて国民は，（　Ⓐ　）の下(もと)に（　Ⓑ　）であって，人種，信条，性別，社会的身分，又は門地により，政治的，経済的又は社会的関係において（　Ⓒ　）されない。

Ⓐ(　　　　　　)　Ⓑ(　　　　　　)　Ⓒ(　　　　　　)

□ ❷ すべての人権の根源にある考え方で，国民一人一人をそれぞれかけがえのない
尊いものとして大切に扱うことを何といいますか。　(　　　　　　　　)

□ ❸ 日本国憲法第13条で保障されている，人が幸福に生きるために必要な
すべての権利を保障する権利は何ですか。　(　　　　　　　　)

[ヒント] ❸❹ 日本国憲法下の天皇は，政治に参加せず，儀礼的な行為を行っています。

[ミスに注意] ❹ 第13条と14条の内容は問われることが多いので，混同しないように覚えましょう。

【 平等権 】

❺ 次の問いに答えなさい。

□❶ 1965年に政府が受けた，部落差別の早急な解決が国の責務であり，
国民的な課題であるという答申を何といいますか。　　　　　（　　　　　）

□❷ 1997年に公布され，アイヌ民族を先住民として尊重するとともに，
アイヌの伝統を尊重することを目的とした法律を何といいますか。（　　　　　）

□❸ 相手を不快・苦痛な状況に追い込み，人間の尊厳を奪う，
性的な言葉や行為を何といいますか。　　　　　　　　　　　（　　　　　）

□❹ 1999年に制定された，社会のあらゆる場面で男女が責任をもって対等に役割を
になうことを定めた法律の名称を，　　　から選びなさい。（　　　　　）

　　　女性活躍推進法　　男女雇用機会均等法　　男女共同参画社会基本法

□❺ 道路に視覚障がい者用誘導ブロックを備えたり，車いす利用者に配慮したスロープを
設置したりする，障がいをもつ人などの支障となるものを取り除こうという考え方を
何といいますか。　　　　　　　　　　　　　　　　　　　　（　　　　　）

【 自由権 】

❻ 次の問いに答えなさい。

□❶ 次の㋐〜㋙の自由は，A 精神活動の自由，B 身体の自由，C 経済活動の自由のうち，
それぞれどれにあてはまりますか。A〜C の記号で答えなさい。

　㋐ 集会・結社・表現の自由（　　　）　　㋔ 信教の自由（　　　）
　㋑ 法定の手続きなしで逮捕されない自由（　　　）　㋕ 職業選択の自由（　　　）
　㋒ 奴隷的拘束・苦役からの自由（　　　）　㋖ 財産権の不可侵（　　　）
　㋓ 居住・移転の自由（　　　）　　㋗ 学問の自由（　　　）
　㋔ 思想・良心の自由（　　　）　　㋘ 通信の秘密（　　　）

□❷ 次の文章を読み，ⓐ〜ⓔにあてはまる語句を選び，記号で答えなさい。

　日本国憲法では，法律の定める手続きによらなければ，（　ⓐ　）を科されないこ
とを保障している。警察によって（　ⓑ　）される場合は，現行犯を除いては
（　ⓒ　）が必要になる。また，黙秘権や被告人が（　ⓓ　）を依頼する権利な
どを保障している。いまだに（　ⓔ　）がなくならないため，取り調べの可視化
の取り組みが進められている。

㋐ 釈放　㋑ 逮捕　㋒ 刑罰　㋓ 死刑　㋔ 冤罪　㋕ 令状　㋖ 検察官　㋗ 弁護人　㋘ 代理人
ⓐ（　　　）　ⓑ（　　　）　ⓒ（　　　）　ⓓ（　　　）　ⓔ（　　　）

🔵ヒント ❺❹男女雇用機会均等法は，女子差別撤廃条約の批准とともに制定されました。

❌ミスに注意 ❺❶は法律ではなく答申で，部落差別は同和問題とも言います。

Step 3 予想テスト　第 2 章 個人を尊重する日本国憲法①

30分　/100点　目標 70点

❶ 次の問いに答えなさい。 各4点，❸6点，❺各2点

□ ❶ 右の資料中のⓐ～ⓔにあてはまる語句を書きなさい。

□ ❷ 日本でⓒの前後の時期におこった，国会を開設しようとするなどの民間の運動を何といいますか。

人権思想の歴史

西暦	国連	日本	アメリカ	ドイツ	フランス	イギリス
1215						ⓐ
1628						権利の請願
1688						名誉革命
1689						ⓑ
1776			アメリカ独立宣言			
1789					フランス宣言	
1889		ⓒ 発布				
1919				ワイマール憲法発布		
1946		ⓓ 公布				
1948	ⓔ					
1966	国際人権規約					

□ ❸ 資料中のⓒ，ⓓなどの憲法のもとになっている「立憲主義」という考え方は，どのようなものですか。簡単に説明しなさい。[思]

□ ❹ 右の図は，日本の憲法改正の手続きを表したものです。X および Y にあてはまる語句を書きなさい。

□ ❺ 図のⓐ～ⓓにあてはまる語句を次から選びなさい。同じ語句を 2 回使っても構いません。[技]

3 分の 1　　半数　　3 分の 2　　過半数

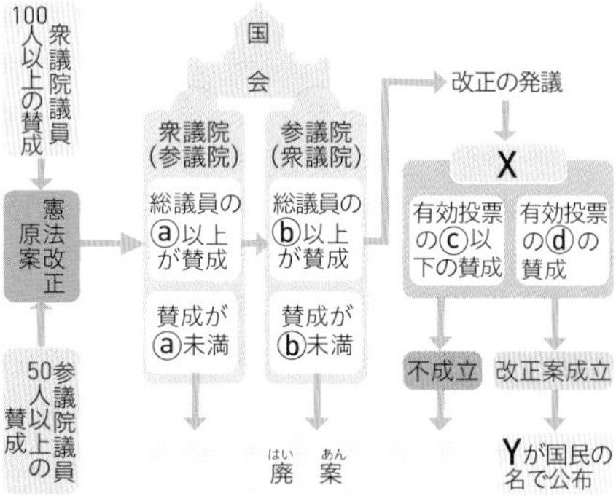

❷ 次の問いに答えなさい。 各6点

□ ❶ 右のグラフは，何を表していますか。
下の（　　）にあてはまる語句を書きなさい。
●主な国の会社の（　　）に占める女性の割合

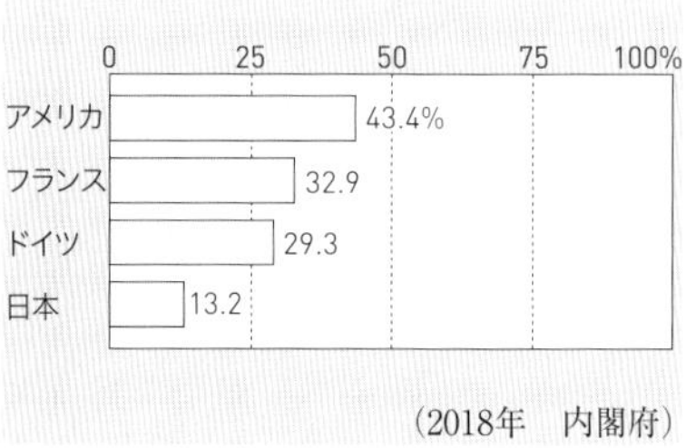

□ ❷ グラフの説明としてあてはまらないものを次の㋐～㋓から 1 つ選びなさい。[技]

㋐ アメリカは，割合からいえば男女の平等に近くなっている。

㋑ 日本の女性の割合はドイツやフランスの割合の 2 分の 1 以下である。

㋒ 日本の女性の割合はアメリカの割合の 4 分の 1 以下である。

㋓ 日本の女性の割合は日本の男性の割合の 6 分の 1 以下である。

□ ❸ 女性の社会進出がなかなか進まないことから，企業の積極的是正措置（ぜせいそち）の取り組みも見られますが，それは❷と関連させた場合，どういった措置ですか。次の㋐～㋒から 1 つ選びなさい。

㋐ 男性の採用をひかえる　　㋑ 女性を積極的に昇進（しょうしん）させる

㋒ 男性と女性の同数を入社させる

❸ 次の問いに答えなさい。 各4点

□ ❶ 2013年に制定された障害者差別解消法で，障がいのある人への不当な差別的取扱いを
禁止すると同時に，導入した考え方を何といいますか。

□ ❷ ❶の考え方の例として，正しいものを㋐〜㋒から選びなさい。

　㋐ レストラン内は，障がいがある人にとってつらいので，入店を拒否する。

　㋑ 階段の上り下りは，車いすから降りて，手すりを使ってもらう。

　㋒ 段差がある場所では，スロープを作って出入りしやすいようにする。

❹ 次の問いに答えなさい。 各3点　❹10点

□ ❶ 日本国憲法が保障する自由権は大きく3つに分けられます。それぞれ答えなさい。

□ ❷ 次の文中の@〜©にあてはまる語句を書きなさい。

> 憲法第21条は，集会・結社・（　@　）の自由を保障し，第18条は奴隷的拘束および
> （　ⓑ　）からの自由の保障，また第22条では居住・移転・（　©　）の自由を保障している。

□ ❸ 出身国，民族，宗教，性別，容姿などに基づいて，個人や集団を攻撃したり，
脅迫したり，侮辱したりする言動を何といいますか。

□ ❹ 警察での取り調べや法廷での黙秘権とはどのような権利ですか。簡単に答えなさい。思

□ ❺ 国が本などを発表前に強制的に調べて，内容を規制したり発表を禁止したりする検閲は，
❷の@〜©のうちどれを侵害する行為とされていますか。

❶	❶ @		ⓑ		©	
	ⓓ		ⓔ		❷	
	❸					
	❹ X		Y			
	❺ @		ⓑ	©		ⓓ
❷	❶		❷	❸		
❸	❶		❷			
❹	❶					
	❷ @		ⓑ	©		
	❸		❹			
	❺					

❶ ／46点　❷ ／12点　❸ ／8点　❹ ／34点

Step 1 基本チェック ： 第2章 個人を尊重する日本国憲法② 10分

次の問題に答えよう！　間違った問題には□にチェックをいれて，テスト前にもう一度復習！

❶ 憲法が保障する基本的人権② ▶教 p.58-71　　　【解答欄】

□ ❶ すべての人が人間らしい生活を送るために国家が保障する権利は何か。　　❶

□ ❷ すべての人が〔健康で文化的な最低限度の生活〕を営む権利は何か。　　❷

□ ❸ 国民の誰もが学習する機会を等しく与えられる権利を何というか。　　❸

□ ❹ 働く意思や能力がある人が，〔労働〕の機会を要求できる権利は何か。　　❹

□ ❺ 日本国憲法第28条で保障された，〔団結権〕，〔団体交渉権〕，　　❺
　　〔団体行動権（争議権）〕の３つの権利を何というか。▶ 図1

□ ❻ 国民が政治に参加することができる権利を何というか。　　❻

□ ❼ 国や〔地方公共団体〕に対して様々な要望をする権利を何というか。　　❼

□ ❽ 他人の権利の侵害を防ぎ，社会全体の利益を優先するため，　　❽
　　人権の制約を認める原理を何というか。

□ ❾ 生活する上で良好な環境を求める権利を何というか。　　❾

□ ❿ 個人が人生や生活などを，自分で自由に決定する権利は何か。▶ 図2　　❿

□ ⓫ 世界のすべての人に人権と自由があること示した宣言は何か。　　⓫

□ ⓬ すべての子どもの〔基本的人権〕の保障を目的とした条約は何か。　　⓬

❷ 私たちと平和主義 ▶教 p.72-80

□ ⓭ 国際紛争に対し，戦争を放棄して外交交渉などの平和的手段によって　　⓭
　　解決を目指す考え方を何というか。

□ ⓮ 国の防衛や災害時の支援と，国際社会の安全を守り，　　⓮
　　平和を維持するためにつくられた組織を何というか。

団体交渉権	会社側（使用者）と労働条件などについて交渉する権利。
団結権	団結して労働組合をつくったり，加入したりする権利。
団体行動権（争議権）	ストライキなどの行動によって，会社側に要求を訴える権利。

図1　労働者に保障されている権利

図2　臓器提供意思表示カード

労働者に保障されている権利は，３つあるんだね。

　　　　　　　　　　　　　　［解答 ▶ p.4］

Step 2 予想問題 第 2 章 個人を尊重する日本国憲法②

1ページ 10分×3

【社会権】

❶ 次の文章を読んで，あとの問いに答えなさい。

a社会権は，1919年にドイツの（ X ）憲法で初めて定められたとされる。20世紀に入り，人間らしい生活を支えるのは国の義務であるという考えから，b社会保障の整備を通して，国民の生活の安定と福祉の増進を目指すという考え方が生まれた。

□ ❶ 文中の X にあてはまる語句を書きなさい。（ ）

□ ❷ 下線部 a の一つである勤労の権利について，労働基本権（労働三権）とよばれる権利を三つ答えなさい。（ ）（ ）（ ）

□ ❸ 下線部 b に関連して，次の日本国憲法第25条の（ ）にあてはまる語句を，㋐～㋓から選びなさい。また，この条文が示す権利を答えなさい。

語句（ ） 権利（ ）

「すべて国民は，健康で（ ）な最低限度の生活を営む権利を有する。」

㋐ 公衆衛生的　㋑ 文化的　㋒ 個人的　㋓ 現実的

【参政権と請求権】

❷ 次の問いに答えなさい。

□ ❶ 参政権について，次のうち参政権にあてはまらないものを，㋐～㋒から選びなさい。（ ）

㋐ 国の政治の代表者を選ぶ選挙権

㋑ 国や地方自治体に政治の要望を訴える請願権

㋒ 国が与えた損害に対して損害賠償(ばいしょう)を求める国家賠償請求権

□ ❷ 請求権(せいきゅう)について，次の問いに答えなさい。

① 請求権の基本的権利として，憲法では（ ）を受ける権利を定めています。（ ）にあてはまる語句を漢字 2 文字で答えなさい。（ ）

② 請求権の一つに，刑事補償(けいじほしょう)請求権があります。これはどのような権利ですか。㋐～㋒から選びなさい。（ ）

㋐ 公務員による損害に対して賠償を求める権利

㋑ 無罪の判決を受けた人が補償を求める権利

㋒ 警察官が最低給与(きゅうよ)の補償を求める権利

[ヒント] ❷❶選挙権は投票ができる権利，被選挙権は選挙に立候補できる権利です。

[ミスに注意] ❷❷刑事補償請求権は刑事裁判で受けた不利益に関する権利です。

【 国民としての責任と義務・社会の変化と新しい人権 】

❸ 次の問いに答えなさい。

□❶ 日本国憲法で定められた，国民の三つの義務のうち，二つは義務であると同時に
権利の面もあります。その二つの義務を書きなさい。

□❷ 表中の㋐〜㋕にあてはまる語句を，右の語群から選びなさい。

目的	制約の例	制限される人権
健康	感染症による入院措置	㋐
健康	医師免許を持たない者の医療行為の禁止	㋑
名誉	他人の名誉を傷つける行為の禁止	㋒
私有財産の保護	道路や空港建設のために，補償して土地を使用	㋓
国民生活の利益	公務員のストライキ禁止	㋔
交通秩序	デモの規制	㋕

語群：労働基本権　集会の自由　居住・移動の自由　財産権　表現の自由　営業の自由

㋐（　　　）　㋑（　　　）　㋒（　　　）
㋓（　　　）　㋔（　　　）　㋕（　　　）

□❸ 次の㋐〜㋒の文中の空欄にあてはまる語句を答えなさい。

㋐ 政府がどのようなことを行っているかを知る権利は，
　　　　法などの制定によって実現された。

㋑ わたしたちが情報の公開請求をすると，国や地方自治体が保管する
　　　　な文書を見ることができる。

㋒ 個人の情報を守るプライバシーの権利は，　　　法によって守られている。

㋐（　　　）　㋑（　　　）　㋒（　　　）

【 国際社会における人権の尊重 】

❹ 次の文を読んで，問いに答えなさい。

□❶ 文中の㋐〜㋒にあてはまる語句を答えなさい。
㋐（　　　）
㋑（　　　）
㋒（　　　）

□❷ 国境を越えて活躍する非政府組織の略称をアルファベットで書きなさい。

第二次世界大戦後，世界各国で人権の尊重や民主主義を確立することが求められていたため，1948年に（　㋐　）を行った。これは，（　㋑　）が初めて採択した宣言であった。この宣言を具体化したのが，1966年に採択された（　㋒　）である。

ヒント ❸❷の語群の「営業の自由」はあらゆる事業の経営の自由のことです。
ミスに注意 ❹❶㋐と㋒のどちらが先に出されたかおさえましょう。

【平和主義の考え方と自衛隊】

5 次の問いに答えなさい。

□ 1 右の憲法条文中の㋐〜㋕にあてはまる語句を次から選びなさい。

㋐（　　　）
㋑（　　　）
㋒（　　　）
㋓（　　　）
㋔（　　　）
㋕（　　　）

前文　……日本国民は，恒久の（　㋐　）を念願し，人間相互の関係を支配する崇高な理想を深く自覚するのであって，（　㋐　）を愛する諸国民の公正と信義に信頼して，われらの安全と生存を保持しようと決意した。……

第９条①日本国民は，正義と秩序を基調とする国際（　㋐　）を誠実に希求し，（　㋑　）の発動たる（　㋒　）と，（　㋓　）による威嚇又は（　㋓　）の行使は，国際紛争を解決する手段としては，（　㋔　）にこれを放棄する。
②前項の目的を達するため，陸海空軍その他の戦力は，これを保持しない。国の（　㋕　）は，これを認めない。

↑日本国憲法の一部

象徴　武力　軍事力　永久　国権　戦争　平和　交戦権　統帥

□ 2 日本が国を防衛するために持っている組織を何といいますか。（　　　）

□ 3 平和主義を実現するために，非核三原則の考え方があります。（　）にあてはまる語句をそれぞれ答えなさい。

核兵器を（　　　），（　　　），（　　　）

【日米安全保障条約と自衛隊の国際貢献】

6 次の問いに答えなさい。

□ 1 日米安全保障条約の締結で，日本とアメリカの役割が決まりました。次の㋐〜㋓の中から日本の役割とアメリカの役割にあてはまるものを，それぞれ１つずつ選びなさい。

㋐ 日本が攻撃を受けたら，アメリカは日本とともに防衛する。
㋑ 日本の米軍基地が攻撃を受けたら，アメリカのみで防衛する。
㋒ 日本と米軍は，両国の安全を脅かす敵国に共同で攻撃する。
㋓ 日本は米軍に基地を提供する。

日本の役割（　　　）　アメリカの役割（　　　）

□ 2 日本にある米軍基地は，沖縄県に集中しています。全体の約何％にあたりますか，次から選びなさい。（　　　）

㋐ 約50％　㋑ 約60％　㋒ 約70％　㋓ 約80％

□ 3 日本が，国際平和協力法に基づき，国連PKO軍として初めて自衛隊を派遣した東南アジアにある国はどこですか。（　　　）

[ヒント] 5 1 日本国憲法第９条は，戦争の放棄や戦力の不保持などを定めています。

[ミスに注意] 6 1 日本の米軍基地は，日本がアメリカに貸しているだけで日本の領土です。

Step 3 予想テスト　第２章 個人を尊重する日本国憲法②

30分　/100点　目標 70点

❶ 次の文を読んで，問いに答えなさい。 各６点

日本国憲法では，a社会権として，b生存権，c教育を受ける権利，d勤労の権利，e労働基本権（労働三権）を保障している。また，人権保障をより確かなものにするために，f参政権やg請求権も保障している。

□ ❶ 下線部 a が世界で初めて保障された憲法は何ですか。㋐～㋓から選びなさい。

㋐ 大日本帝国憲法　㋑ 日本国憲法
㋒ マグナ・カルタ　㋓ ワイマール憲法

□ ❷ 下線部 b について，次の問いに答えなさい。

① 生存権を保障するために国から生活に必要な費用が支給される制度は，何という法律に基づいて作られているか答えなさい。

② ①の制度に関する右のグラフの説明として正しいものを，㋐～㋒から選びなさい。[技]

㋐ 受給世帯数は，2000年度から全体的に減少傾向にある。
㋑ 母子世帯と現役の世帯ほかは，1980年から2018年まで，受給世帯数が一定である。
㋒ 高齢者世帯が，障がいのある人・病気やけがをした人の世帯数を超えたのは1994年ごろである。

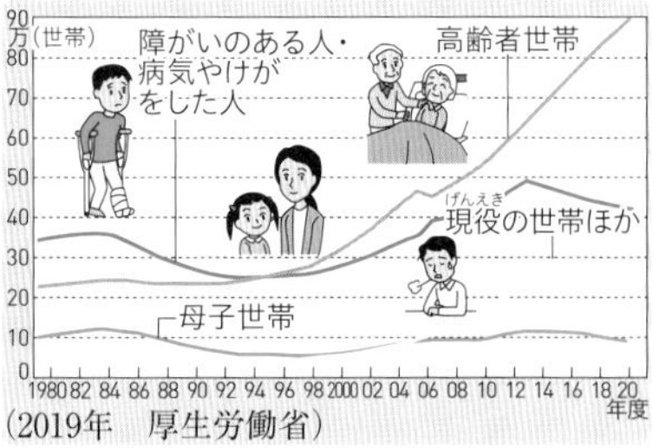

（2019年　厚生労働省）

↑国から生活に必要な費用を支給した額の推移

□ ❸ 下線部 c について，次の日本国憲法第26条は，教育に関する国民の義務と無償となる教育について定めています。条文中の A，B にあてはまる文・語句をそれぞれ答えなさい。

> 第26条②すべて国民は，法律の定めるところにより，その保護する子女に（　A　）を負ふ。（　B　）は，これを無償とする。

□ ❹ 下線部 d について，勤労は，権利であり義務でもあります。日本国憲法で定められた国民の義務は，❸の A と「勤労の義務」の他に，もう一つは何ですか。

□ ❺ 下線部 e のうち，ストライキなどを行う権利を何といいますか。

□ ❻ 下線部 f について，参政権にあてはまらないものを㋐～㋓から選びなさい。

㋐ 最高裁判所裁判官の国民審査権　㋑ 憲法改正の国民投票権
㋒ 公務員の選定・罷免権　㋓ 裁判を受ける権利

□ ❼ 下線部 g について，請求権の一つに，事件の犯人として訴えられたあと無罪となった人や，一度有罪となって再審で無罪となった人が，国に補償を求めることができる権利があります。その権利を何といいますか。

❷ 次の問いに答えなさい。 各 6 点

□ ❶ 新しい人権について，次の問いに答えなさい。

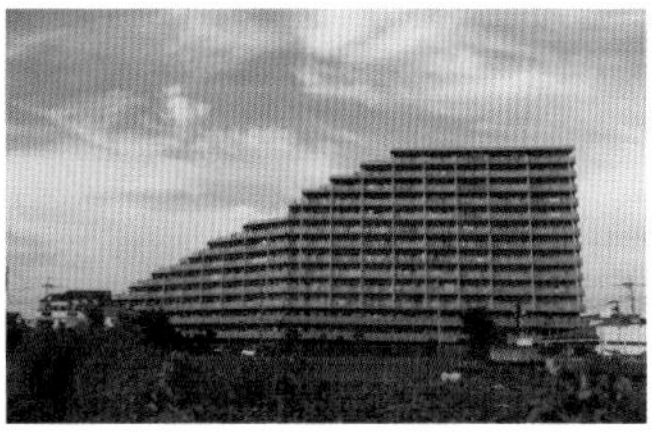

① 右の写真は，新しい人権のうちどのような権利に配慮(はいりょ)したものですか。㋐～㋓から選びなさい。[技]

㋐ 知的財産権　　㋑ 環境権(かんきょう)

㋒ 知る権利　　㋓ 肖像権(しょうぞう)

② 新しい権利の一つである自己決定権と最も関係のあるものを，㋐～㋓から選びなさい。

㋐ インフォームド・コンセント　　㋑ 環境アセスメント

㋒ セクシュアル・ハラスメント　　㋓ クローン技術

③ 新しい権利の一つであるプライバシーの権利は，情報化の進展によって侵害(しんがい)されやすくなっています。インターネットによるプライバシーの侵害にはどのようなものがあるか，具体例を一つ書きなさい。

□ ❷ 年表中の（　　　）にあてはまる，批准(ひじゅん)国に人権の保障を義務付けている条約は何か答えなさい。[思]

□ ❸ 年表中の下線部の条約を受けて，日本で1985年に制定された法律は何ですか。㋐～㋓から選びなさい。

㋐ 男女共同参画社会基本法　　㋑ 育児・介護(かいご)休業法

㋒ 部落差別の解消の推進に関する法律

㋓ 男女雇用(こよう)機会均等法

条約名	採択(さいたく)
人種差別撤廃(てっぱい)条約	1965年
（　　　　　）	1966年
女子差別撤廃条約	1979年
拷問(ごうもん)等禁止条約	1984年
子どもの権利条約	1989年
死刑廃止(はいし)条約	1989年
障害者権利条約	2006年

□ ❹ 年表中の条約のうち，日本が批准していない条約を一つ選んで書きなさい。

❸ 次の問いに答えなさい。 各 4 点，❶ 2 点

□ ❶ 武力行使を行わないことや，戦力を持たないことなどを定めた日本国憲法の条文は第何条ですか。数字で答えなさい。

□ ❷ 日本が国の防衛と，国際社会の安全のために持つ組織を何といいますか。

□ ❸ 日本が防衛のために，1951年にアメリカと結んだ条約を何といいますか。

❶	❶	❷ ①	②	
	❸ A	B	❹	
	❺	❻	❼	
❷	❶ ①	②	③	
	❷	❸	❹	
❸	❶ 第　　条	❷	❸	

❶　　／54点　❷　　／36点　❸　　／10点

[解答▶p.5]

Step 1 基本チェック　第3章 私たちの暮らしと民主政治①

10分

次の問題に答えよう！　間違った問題には□にチェックをいれて，テスト前にもう一度復習！

❶ 民主政治と日本の政治　▶ 教 p.84-95

解答欄

□ ❶ 社会のことを，構成する人々自身が決定するという考え方を何というか。 ❶

□ ❷ 国民が選んだ代表者が議会でさまざまな議論をして決める
という政治のしくみを何というか。 ❷

□ ❸ 一つの選挙区から一人の議員を選出する選挙制度を何というか。 ❸

□ ❹ ［政党］名などを記入して投票し，各政党の得票数に応じて
議席を配分する選挙制度を何というか。 ❹

□ ❺ 選挙区ごとに一票の価値が異なることを何というか。 ❺

□ ❻ 議会で［野党］と相対する，政権をになう政党を何というか。 ❻

□ ❼ 複数の政党によって組織，運営されている政権を何というか。 ❼

□ ❽ 国民の間にある，共通した意見の集まりのことを何というか。 ❽

❷ 三権分立のしくみと私たちの政治参加①　▶ 教 p.96-103

□ ❾ 全国民を代表する，選挙された議員で組織された機関を何というか。 ❾

□ ❿ ［衆議院］と［参議院］で構成される政治制度を何というか。▶ 図1 ❿

□ ⓫ 衆議院の議決が参議院の議決よりも優先することを何というか。 ⓫

□ ⓬ 衆議院と参議院の議決が異なるとき，開かれる会を何というか。 ⓬

□ ⓭ 議長である［内閣総理大臣］とすべての［国務大臣］が出席して，
［内閣］の意思を決定する会議を何というか。 ⓭

□ ⓮ 内閣は国会の信任に基づいて成り立ち，
内閣が国会に対して責任を負うしくみを何というか。 ⓮

	議員定数	被選挙権	任　期	選挙区
衆議院	465人 { 比例代表選出176人 小選挙区選出289人	満25歳以上	4年 （ただし解散のときは任期満了前に終わる）	比例代表選出 →全国を11区 小選挙区選出 →全国を289区 （各選挙区から1人を選出）
参議院	248人※ { 比例代表選出100人 選挙区選出148人	満30歳以上	6年 （3年ごとに半数を改選する）	比例代表選出 →全国を1区 選挙区選出 →各都道府県を1区

※公職選挙法の改正を受けて，2019年の参議院議員選挙から適用。3年ごとに半数改選のため，それまでの242人から2019年と2022年に3人（比例代表2，選挙区1）ずつ増員。

図1　衆議院と参議院（2020年3月現在）

国会を二院制で行う長所と短所をそれぞれ確認しておこう。

［解答 ▶ p.5］

Step 2 予想問題 　第 3 章 私たちの暮らしと民主政治①

1ページ
10分×3

第 3 章

【 民主主義と多数決・選挙の意義・選挙制度 】

❶ 次の文を読み，㋐〜㋖にあてはまる語句を答えなさい。

選挙の基本原則として，だれがだれに投票したかわからないことを（　㋐　）といい，有権者が候補者に対して直接投票できることを（　㋑　）という。また，性別や納税額に関係なく，一定の年齢（ねんれい）に達したすべての国民に選挙権が認められることを（　㋒　）といい，等しく一人一票の投票権があることを（　㋓　）という。

選挙方法では，投票日に仕事や用事がある場合，投票日の前日までに投票することができる（　㋔　）制度や出張中や入院中に滞在先の選挙管理委員会や病院や施設（しせつ）内で投票ができる（　㋕　）制度，海外で暮らす日本人が在外選挙人名簿に登録すれば，海外で投票できる（　㋖　）制度がある。

㋐（　　　　　　　）　㋑（　　　　　　　）　㋒（　　　　　　　）
㋓（　　　　　　　）　㋔（　　　　　　　）　㋕（　　　　　　　）
㋖（　　　　　　　）

【 政党の役割 】

❷ 次の問いに答えなさい。

☐ ❶ 右の図中の㋐〜㋓にあてはまる語句を書きなさい。
㋐（　　　　　　　）　㋑（　　　　　　　）
㋒（　　　　　　　）　㋓（　　　　　　　）

☐ ❷ ㋐が獲得（かくとく）した，政治を行う権力を
何といいますか。

☐ ❸ 単独の政党で㋒を占めることが
できなかった場合，何という政権が
つくられますか。

☐ ❹ 政党間の自由な競争によって
政治が行われることを何といいますか。
（　　　　　　　　　　　　　　　）

☐ ❺ ㋓について，衆議院と参議院の議決が
合致しなかった場合どうなるか簡単に説明しなさい。
（　　　　　　　　　　　　　　　　　　　　　　　　　　　）

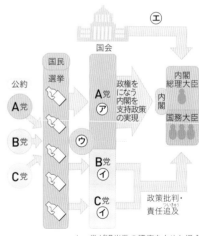

↑政党政治のしくみ

＊一党が過半数の議席を占めた場合

 ヒント　❶㋕，㋖は，本人が投票所の地域内にいるか，日本にいるかを基準にした名称です。

ミスに注意　❷❶㋓は，衆議院選挙が終了して最初に開く国会の目的から考えましょう。

【 世論とマスメディアの役割 】

❸ 次の文を読み，問いに答えなさい。

　政治や社会の問題についての，国民の意見である（　㋐　）は，民主政治において重要な役割をになっている。新聞やテレビなどの（　㋑　）は，（　㋐　）の形成に大きな影響力をもつとされているが，最近は虚偽の情報である（　㋒　）が,国民の意識や行動を混乱させる危険性があると問題となっている。（　㋑　）の報道をすべて受け入れるのではなく，情報を判断し正しく使いこなすことが求められる。

☐ ❶　上の文中の㋐～㋒にあてはまる語句を書きなさい。

㋐（　　　　　　　　）　㋑（　　　　　　　　）　㋒（

☐ ❷　下線部について，なぜ㋐は重要な役割を果たすのでしょうか。
　　「任期」,「新しい問題」という語句を使って簡単に答えなさい。

（

☐ ❸　政治や社会の問題について，㋑などが人々の意見や考え方の動向を知るために行う
　　調査を何といいますか。

【 国会の地位と二院制のしくみ 】

❹ 次の問いに答えなさい。

☐ ❶　次の㋐～㋓が説明する語句をそれぞれ書きなさい。

　㋐　毎年1回，会期150日間で1月に召集される。次年度の予算の審議が行われる。

　㋑　内閣が必要と決めたとき，いずれかの議院の総議員の4分の1以上の要求が
　　あったときに召集される。緊急を要する問題などを審議する。

　㋒　衆議院の解散中，国会の議決が必要な緊急案件が生じた場合に参議院で開かれる。

　㋓　衆議院解散後の総選挙の日から30日以内に召集される。

㋐（　　　　　　　　）　　㋑（

㋒（　　　　　　　　）　　㋓（

☐ ❷　次の表中の㋐～㋕にあてはまる語句を書きなさい。

衆議院		参議院	
満25歳以上	被選挙権	満　㋐　　　　歳以上	
4年 任期中に ㋑　　　　がある。	任期	㋒　　6年 　　ごとに半数が改選する。	
㋓　　　　制, 比例代表制	選挙制度	㋔　　　　制, 比例代表制	

- -

ヒント ❹❷㋔は，1区で1人または2人以上選出するため，大・中・小という文字は使いません。

ミスに注意 ❸❶㋑マス・コミュニケーションを行う媒体のことです。

　　　　　　　　　　　　　　　　　　　　　　　　　　　　　　　　［解答 ▶ p.6]

【 国会の仕事と国会議員 】

❺ 次の文を読み，問いに答えなさい。

国会の主な仕事は，（　㋐　）の制定と（　㋑　）の議決，過去１年間の（　㋑　）の結果の報告となる（　㋒　）の審議である。司法に対しては，ふさわしくない裁判官の罷免を判断する（　㋓　），行政に対しては，（　㋔　）の指名の権限がある。

□ ❶　文中の㋐～㋔にあてはまる語句を書きなさい。

㋐（　　　　　　　　　）　㋑（　　　　　　　　　）

㋒（　　　　　　　　　）　㋓（　　　　　　　　　）

㋔（　　　　　　　　　）

□ ❷　右の図中の㋐～㋒にあてはまる語句を書きなさい。

㋐（　　　　　　　　　）　㋑（　　　　　　　　　）

㋒（　　　　　　　　　）

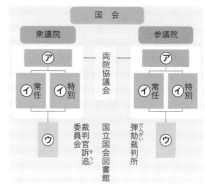

↑国会運営のしくみ

【 内閣の仕事と議院内閣制・行政 】

❻ 次の問いに答えなさい。

□ ❶　次の㋐～㋔から，内閣の仕事を３つ選びなさい。（　　　）（　　　）（　　　）

㋐ 憲法改正の発議　　㋑ 外国と結ぶ条約の承認　　㋒ 政令を定める。

㋓ 天皇の国事行為に助言や承認をする。　　㋔ 予算案を提出する。

□ ❷　国の主な行政機関について，保育所に関する仕事をする省を㋐～㋓から選びなさい。　　（　　　）

㋐ 厚生労働省　　㋑ 経済産業省

㋒ 総務省　　㋓ 文部科学省

□ ❸　右の図の A ～ D にあてはまる語句を書きなさい。

A（　　　　　　　　　）　B（　　　　　　　　　）

C（　　　　　　　　　）　D（　　　　　　　　　）

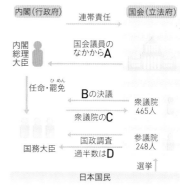

↑議院内閣制のしくみ（日本）

□ ❹　肥大化した行政を整理・縮小・統合することを行政改革といいますが，改革が必要な理由を次の㋐～㋔から２つ選びなさい。　　（　　　）（　　　）

㋐ 国会や内閣が，監督・指揮できにくくなるから。

㋑ 民間活動の規制緩和が進められ，自由な競争が促進されるから。

㋒ 人事ポストは増え，財政負担が大きくなっているから。

㋓ 国の組織から切り離した独立行政法人が自主性を持つようになっているから。

㋔ 行政機関が生産者，消費者を主役に活動しているから。

ヒント　❻❸ A 特別国会では，他の案件に先立って最初に行われます。

ミスに注意　❻❹ 行政改革により，改善する姿が想像できるものを選びましょう。

Step 3 予想テスト　　第3章 私たちの暮らしと民主政治①

/100点
目標 70点

30分

❶ 次の問いに答えなさい。

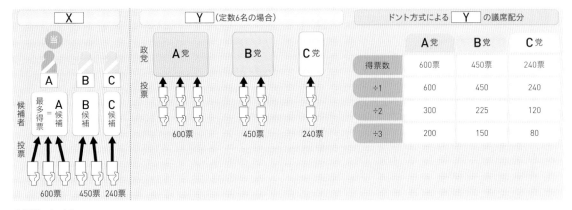

↑選挙のしくみ

	A党	B党	C党
得票数	600票	450票	240票
÷1	600	450	240
÷2	300	225	120
÷3	200	150	80

- ❶ 上の図の X・Y にあてはまる選挙制度をそれぞれ書きなさい。
- ❷ 上の図の Y において，政党 A，B，C党の得票数を使って，
  - ㋐ 定員が6名のとき，A，B，C党の当選者数を答えなさい。[技]
  - ㋑ 定員が8名のとき，A，B，C党の当選者数を答えなさい。[技]
- ❸ X と Y で死票（落選者に投じられた票）が多いのはどちらですか。
- ❹ 死票が多い場合，どのような問題がありますか。
  「民意の反映」という語句を使って簡単に答えなさい。[思]

❷ 次の問いに答えなさい。

- ❶ 政治や社会の問題について，人々の共通の意見の
  集まりを，漢字2文字で何といいますか。
- ❷ 右のグラフで，ほぼ全世代で「信頼できると思う
  メディアはない」が30％以上になっています。
  これは，投票率の低下とどのような関係があると
  考えられますか。「政治への無関心」という語句を使って
  簡単に説明しなさい。[思]

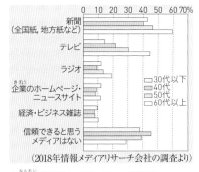

↑年齢階層別のメディアへの信頼度

- ❸ 若い世代の政治参加について答えなさい。
  - ① 日本の選挙権は満何歳以上ですか。
  - ② SNSの利用で，政治への関心が増加するという期待は，
    現状，実現できていません。理由としてあてはまるものを次から2つ選びなさい。
    - ㋐ 多くの情報を入手できない。　　㋑ 政治に関する情報を活用していない。
    - ㋒ 迅速な情報が入手できない。　　㋓ 情報の信ぴょう性を確認できない。

❸ 下の図を見て，次の問いに答えなさい。 ❶各4点，❷各5点，❸8点

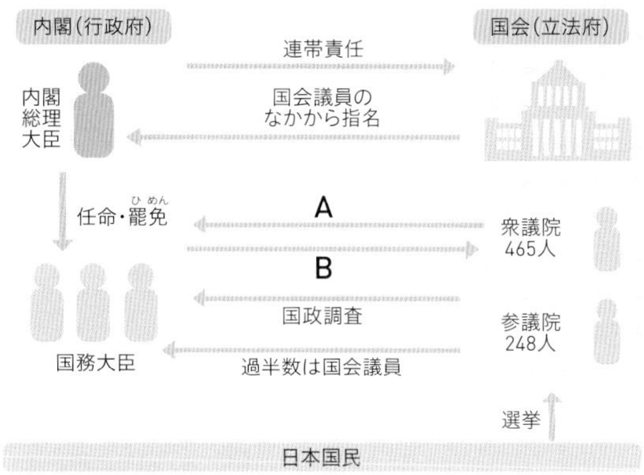

↑議院内閣制（日本）のしくみ

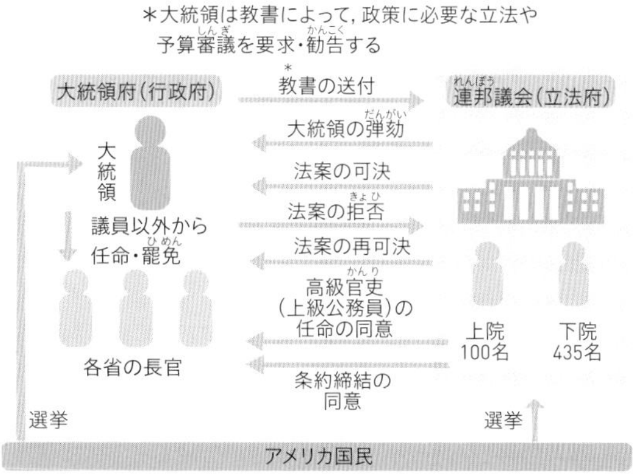

↑大統領制（アメリカ）のしくみ

□ ❶ 資料中のA・Bにあてはまるものを，㋐～㋓からそれぞれ選びなさい。
　㋐ 参議院の解散　㋑ 衆議院の解散　㋒ 内閣不信任の決議　㋓ 国務大臣の指名

□ ❷ 議院内閣制での政策の決定について，意見の出しやすさ，調整のしやすさの観点から，長所と短所をそれぞれ簡単に書きなさい。

□ ❸ 内閣総理大臣とアメリカの大統領の権限では，アメリカの大統領の方が強いとされていますが，それはなぜですか。図を参考にして「選挙」という語句を使って簡単に書きなさい。[思]

❶	❶ X	Y	
	❷ ㋐A　名	B　名	C　名
	㋑A　名	B　名	C　名
	❸	❹	
❷	❶	❷	
	❸ ① 満　歳以上		
	❸ ②		
❸	❶ A	B	
	❷ 長所		
	短所		
	❸		

❶ /44点　❷ /30点　❸ /26点

[解答▶p.6]

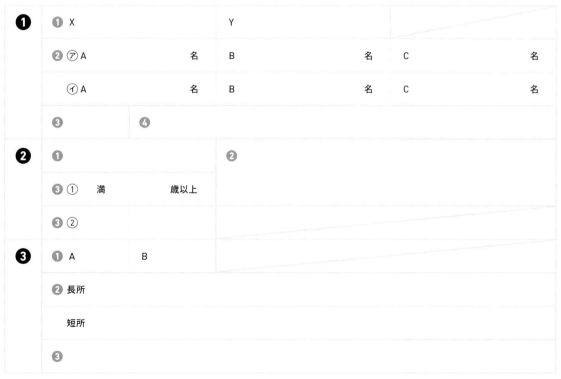

Step 1 基本チェック　第 3 章 私たちの暮らしと民主政治②

10分

次の問題に答えよう！　間違った問題には□にチェックをいれて，テスト前にもう一度復習！

❶ 三権分立のしくみと私たちの政治参加②　▶ 教 p.104-113

解答欄

- □ ❶ 法に基づいて，さまざまな争いや事件を解決する
はたらきを何というか。　❶

- □ ❷ 裁判官が，国会(立法)や内閣(行政)などの権力から
圧力や干渉を受けず，独立した地位であることを何というか。　❷

- □ ❸ 同じ事件について，3 回まで裁判が受けられる制度を
何というか。▶ 図1　❸

- □ ❹ 個人間の私的な争いなどを解決するための裁判を何というか。　❹

- □ ❺ 殺人，傷害などの犯罪行為について，
有罪か無罪かを決める裁判を何というか。　❺

- □ ❻ 国の権力を ［立法］，［行政］，［司法］ に分散・独立させている
しくみを何というか。　❻

- □ ❼ 国民が裁判員として❺に参加する制度を何というか。　❼

❷ 地方自治と住民の参加　▶ 教 p.114-126

- □ ❽ 住民が自らの意思と責任で地域の政治を行うことを何というか。▶ 図2　❽

- □ ❾ 仕事や財源など権力を国から地方に分けることを何というか。　❾

- □ ❿ ［都道府県］ や ［市町村］ などの地域を運営する場を何というか。　❿

- □ ⓫ 地域の政治に対し，直接民主制を取り入れた権利を何というか。　⓫

- □ ⓬ ❿が集め，地域住民が納める税を何というか。　⓬

- □ ⓭ 地域間の⓬の収入における財政格差を減らすため，
国から支給される資金で，使い道は自由なものを何というか。　⓭

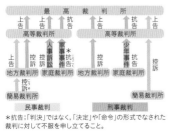

*抗告：「判決」ではなく、「決定」や「命令」の形式でなされた
裁判に対して不服を申し立てること。

図1 ❸のしくみ

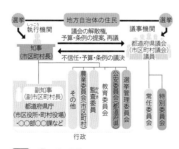

図2 ❽のしくみ

知事や市町村長と都道府県・市町村の議員は住民が直接選ぶんだね。

［解答 ▶ p.7］

Step 2　予想問題　第3章 私たちの暮らしと民主政治②

1ページ
10分×3

第3章

【 裁判の意義としくみ 】

❶ 右の図を見て，次の問いに答えなさい。

□ ❶ 図中の A 〜 D にあてはまる語句を書きなさい。

A （　　　　　　　　）　B （　　　　　　　　）

C （　　　　　　　　）　D （　　　　　　　　）

□ ❷ 日本国憲法で，司法権をもつことが定められている
裁判所はどこですか。2つ答えなさい。

（　　　　　　　）（　　　　　　　）

□ ❸ 図のように3回まで裁判が受けられる制度を
何といいますか。　　　　　　　　（　　　　　　　）

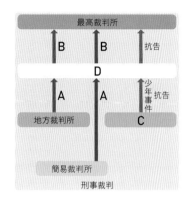

【 裁判のしくみ 】

❷ 次の問いに答えなさい。

□ ❶ 刑事裁判についての説明として正しいものを㋐〜㋓から選びなさい。　　　（　　　　）

㋐ 訴えられた人のことを被疑者（ひぎしゃ）という。　　㋑ 被疑者・被告人（ひこくにん）は弁護人の助けを得られない。

㋒ 検察官の起訴（きそ）によって始まる。　　　　㋓ 裁判の結果，和解にいたることもある。

□ ❷ 民事裁判で，裁判官と専門の委員が間に入り，争いを解決することを何といいますか。

（　　　　　　　　　　　）

□ ❸ 民事裁判と刑事裁判の対象になるものを，㋐〜㋓から2つずつ選びなさい。

民事裁判 （　　　　）（　　　　）　　　刑事裁判 （　　　　）（　　　　）

㋐ 空き巣で逮捕（たいほ）された。　　㋑ 公害で国を訴える。

㋒ 出版物の発行を差し止める。　　㋓ 自動車でひき逃げ事件を起こし逮捕された。

□ ❹ 無実の人に罪があると考えられている状態や真犯人でない被告人を有罪とする状態を
何といいますか。　　　　　　　　　　　　　　　　　（　　　　　　　）

□ ❺ 判決が確定したあと，新たな証拠（しょうこ）が発見されるなどの理由で不服の申し立てをし，
裁判をやり直す制度を何といいますか。　　　　　　　（　　　　　　　）

- -

❶ヒント ❶❷2つのうち1つは高等裁判所，地方裁判所，家庭裁判所，簡易裁判所の総称です。

❷ミスに注意 ❷❶民事裁判で訴えられた人は被告，刑事裁判で訴えられた人は被告人といいます。

【司法制度改革と裁判員制度】

❸ 次の問いに答えなさい。

□ ❶ 司法制度改革で行われたこととして，誤っているものを㋐～㋓から選びなさい。（　　）

㋐ 裁判の迅速(じんそく)化に関する法律が成立した。　㋑ 法テラスが全国に設置された。

㋒ 再審制度が導入された。　㋓ 法科大学院が創設された。

□ ❷ 裁判員制度について，次の㋐～㋔にあてはまる語句を，下の［　　］から選んで書きなさい。

裁判員制度は，2009年に導入された，国民が裁判に参加できる制度で，（　㋐　）裁判所で行われる，殺人や強盗(ごうとう)など重大な（　㋑　）事件の裁判に参加する。裁判員は，満（　㋒　）歳(さい)以上の有権者からくじで選ばれ，（　㋓　）名の裁判員は，（　㋔　）名の裁判官と一緒に，被告人が有罪か無罪かを判断する。

刑事	民事	高等	地方	
3	6	9	18	20

㋐（　　）　㋑（　　）

㋒（　　）　㋓（　　）

㋔（　　）

【三権分立のしくみ】

❹ 次の問いに答えなさい。

国の権力は，立法，行政，司法に分けられ，それぞれ（　㋐　），（　㋑　），（　㋒　）の3つに分散・（　㋓　）している。三権は，互いに（　㋔　）しあい，（　㋕　）を保つチェック・アンド・バランスが機能している。このしくみは，権力の（　㋖　）を防ぐためにとられている。

□ ❶ 上の文中の㋐～㋖にあてはまる語句を，下の［　　］から選んで書きなさい。

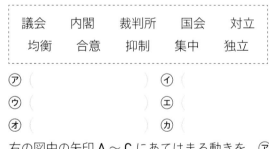

議会	内閣	裁判所	国会	対立
均衡	合意	抑制	集中	独立

㋐（　　）　㋑（　　）

㋒（　　）　㋓（　　）

㋔（　　）　㋕（　　）　㋖（　　）

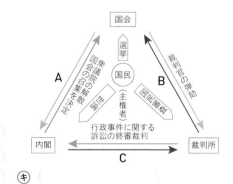

□ ❷ 右の図中の矢印A～Cにあてはまる動きを，㋐～㋒からそれぞれ選びなさい。

㋐ 内閣総理大臣の指名　㋑ 最高裁判所長官の指名・その他の裁判官の任命

㋒ 違憲立法審査　A（　　）　B（　　）　C（　　）

[ヒント] ❹❷㋒は裁判所の働きで，最終的な判断は最高裁判所が行います。

[ミスに注意] ❸㋒選挙権の年齢と間違えないように気をつけましょう。

［解答▶p.7］

【 身近な地域の政治・地方自治体のしくみと仕事 】

❺ 次の文を読んで，問いに答えなさい。

　住民には，条例の制定，改廃や監査，首長の解職などを求める（　㋐　）権が認められている。また，近隣の市町村どうしが合併する（　㋑　）など，地域にとって重要な問題を決める場合に，条例をつくって（　㋒　）を実施したり，その活動を明らかにするために（　㋓　）公開制度を導入したりしている。住民からの苦情を処理し，行政が適正に行われているかを監視するために，（　㋔　）制度を導入しているところもある。

□ ❶　文中の㋐〜㋔にあてはまる語句を，下の　　　から選びなさい。

㋐（　　　　　　　）　㋑（　　　　　　　　　　）　㋒（　　　　　　　）
㋓（　　　　　　　）　㋔（　　　　　　　　　　）

> 市町村合併　　リーダーシップ　　オンブズマン　　予算
> 経済　　解散　　情報　　住民投票　　直接請求

□ ❷　下線部について，①都道府県知事，②市区町村長の被選挙権をそれぞれ答えなさい。

①　満（　　　　　　　）歳以上　②　満（　　　　　　　）歳以上

【 地方財政の現状と課題・これからの地方自治 】

❻ 次の問いに答えなさい。

□ ❶　A にあてはまる，自主財源にあたる収入で住民が納める税を何といいますか。

（　　　　　　　　　　　）

□ ❷　B はどのようなお金ですか。簡単に答えなさい。

□ ❸　C の説明として正しいものを，㋐〜㋒から選びなさい。

（　　　　　　　　　　　）

　㋐　義務教育や公共事業など使い方が決められている。
　㋑　国が財政を譲り渡すために支給されている。
　㋒　地方公共団体の面積に応じて配分されている。

□ ❹　D にあてはまる，地方公共団体の借金を何といいますか。

（　　　　　　　　　　　）

□ ❺　2000年代に進められた，近隣の市町村どうしが合併することを何といいますか。

（　　　　　　　　　　　）

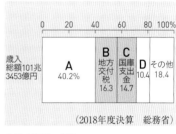

↑地方財政の歳入

（2018年度決算　総務省）

歳入総額101兆3453億円

| A 40.2% | B 地方交付税 16.3 | C 国庫支出金 14.7 | D 10.4 | その他 18.4 |

- -

💡ヒント　❺❷都道府県知事の被選挙権の方が，年齢が高くなっています。

⊗ミスに注意　❻ B と C は，格差の是正目的や使いみちの指定の有無が分類のポイントです。

第3章

Step 3 予想テスト　**第3章 私たちの暮らしと民主政治②** 　 30分　/100点 目標70点

❶ 次の問いに答えなさい。

☐ ❶ 図中の**ア～ウ**にあてはまる裁判所をそれぞれ書きなさい。

☐ ❷ 最高裁判所の長官の指名と任命に関する説明として正しいものを，㋐～㋓から選びなさい。

　㋐ 国会が指名し，内閣総理大臣が任命する。

　㋑ 内閣が指名し，天皇が任命する。

　㋒ 裁判所が指名し，内閣総理大臣が任命する。

　㋓ 国会が指名し，天皇が任命する。

☐ ❸ 図中の**a・b**にあてはまる語句の組み合わせとして正しいものを，㋐～㋓から選びなさい。

　㋐ a：控訴　b：上告　　㋑ a：上告　b：控訴

　㋒ a：再審　b：控訴　　㋓ a：再審　b：上告

☐ ❹ 次の**X～Z**は，図中の**A・B**のどちらの裁判にあてはまりますか。

　X 親の遺産をめぐり，兄弟間で争いが起こった。

　Y 店で商品を盗み，警察に逮捕された。

　Z 国が行った工事で損害を受けた。

☐ ❺ 図Ⅰのように，1つの事件につき3回まで裁判が行われる理由を簡単に答えなさい。 思

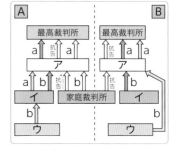

図Ⅰ　裁判のしくみ

抗告：「判決」ではなく，「決定」や「命令」の形式でなされた裁判に対して不服を申し立てること。

❷ 次の問いに答えなさい。

☐ ❶ 国の権力が，図のように3つに分けられ，それぞれを独立した機関がになっていることを何といいますか。

☐ ❷ 次の①～④があてはまる矢印を，図中の**ア～ケ**からそれぞれ選びなさい。

　① 違憲審査権の行使　　② 弾劾裁判所の設置

　③ 内閣不信任の決議　　④ 選挙

☐ ❸ 法律などが違憲か合憲かを最終的に判断する権限を持つ最高裁判所は，一般に何とよばれていますか。

☐ ❹ 裁判員制度について，正しいものを㋐～㋒から選びなさい。

　㋐ 地方裁判所で行われる刑事裁判に導入されている。

　㋑ 裁判員は，満18歳以上の国民の中からくじで選ばれる。

　㋒ 裁判員は，被告人が有罪か無罪かを判断し，有罪の場合，裁判官が刑罰を判断する。

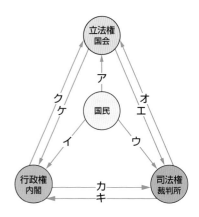

❸ **次の問いに答えなさい。** 各4点，❹9点

地方自治は，住民の選挙で選ばれた議員で構成される地方議会と，長である（　　）によって行われ，国政と異なり広く ₐ直接民主制を取り入れている。地方財政の歳入は，ᵦ国から支給される資金の割合が大きな比率を占めている。私たちも ᵤ国や地方の政治に進んで参加する姿勢が求められている。

□ ❶　文中の（　　）にあてはまる語句を書きなさい。

□ ❷　下線部 a について，住民の署名により議会の解散請求が行われた場合，
　　　その後，何によって過半数の賛成を得ると議会は
　　　解散しますか。

□ ❸　下線部 b について，次の問いに答えなさい。
　　　①　グラフから，国から支給される資金は，全体の何%に
　　　　なりますか。ただし，その他の数値は考えない
　　　　こととします。
　　　②　グラフの歳入には，地方公共団体の借金も
　　　　含まれています。
　　　　借金にあたる語句を書きなさい。

□ ❹　下線部 c について，近年選挙で棄権する人が増えています。
　　　選挙を棄権すると，何を失うことになりますか。簡単に書きなさい。

（歳入グラフ）

歳入 総額101兆3453億円	地方税 40.2%	地方交付税 16.3	国庫支出金 14.7	地方債 10.4	その他 18.4

（2018年度決算総務省）

↑地方財政の歳入

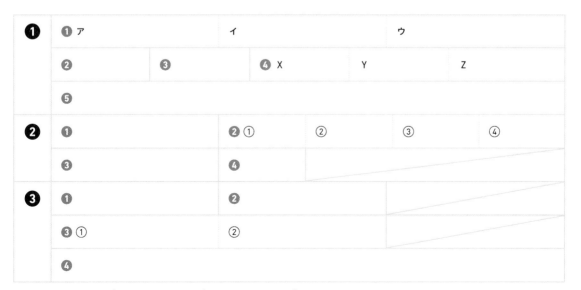

❶	❶ ア		イ		ウ	
	❷	❸		❹ X	Y	Z
	❺					
❷	❶		❷ ①	②	③	④
	❸		❹			
❸	❶		❷			
	❸ ①		②			
	❹					

Step 1 基本チェック ● 第4章 私たちの暮らしと経済①

10分

次の問題に答えよう！　間違った問題には□にチェックをいれて，テスト前にもう一度復習！

① 消費生活と経済活動　▶ 教 p.130-135

解答欄

□ ❶ 生活に必要な物やサービスを手に入れることを何というか。

❶

□ ❷ 個人が仕事や財産などで得た収入のことを何というか。

❷

□ ❸ ICカードや携帯電話を利用して現金のように使えるものは何か。▶ 図1

❸

□ ❹ 訪問販売などで商品を購入した後，一定期間内は，無条件で契約を解除することができる制度を何というか。

❹

□ ❺ 商品の欠陥によって被害が生じた場合，製造業者に被害者への損害賠償を義務づけた法律を何というか。

❺

□ ❻ ［消費者保護基本法］を改正して成立した法律を何というか。

❻

□ ❼ 生産者から商品を仕入れ，商店などに販売する業種を何というか。

❼

□ ❽ 個人や企業の［利益］を目的に営まれる経済を何というか。

❽

② 企業の生産のしくみと労働　▶ 教 p.136-147

□ ❾ 地方公営企業などのように，利潤を目的としない企業を何というか。

❾

□ ❿ ［株式］の発行により，多くの資本を集めて経営する会社を何というか。▶ 図2

❿

□ ⓫ ［株主］の出席によって❿の会社の意思を決定する最高機関は何か。

⓫

□ ⓬ 株主が受け取ることができる，会社の利益の一部を何というか。

⓬

□ ⓭ 製品の安全性や環境への配慮など企業に求められていることは何か。

⓭

□ ⓮ 労働者が労働条件や生活の安定を守るために結成する組織は何か。

⓮

□ ⓯ 時間を決めて働く労働者で，正社員以外の労働者を何というか。

⓯

□ ⓰ 仕事や生活を両立するための考え方を何というか。

⓰

図1　電子マネーによる支払い

図2　株式会社のしくみ

株主総会での株主は，持っている株数に応じて議決権が与えられるんだね。

［解答 ▶ p.9］

Step 2 予想問題　第 4 章 私たちの暮らしと経済①

1ページ 10分×3

【家計の果たす役割】

❶ 次の問いに答えなさい。

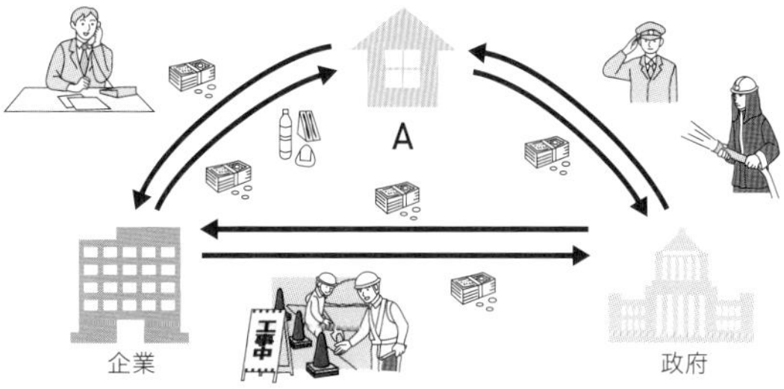

□ ① 図中の A にあてはまる家庭の経済活動のことを何といいますか。（　　　　）

□ ② 図中の企業から A に届く「もの」のうち，①形のある商品，②形のない商品を，それぞれ何といいますか。　①（　　　　）　②（　　　　）

□ ③ 図中の A が将来に備えて所得をためておくことを何といいますか。（　　　　）

□ ④ 図中の「お金」のうち，カード会社が一時的に代金を立て替えるため，現金を持たなくても買い物ができるカードを何といいますか。（　　　　）

□ ⑤ 電子的な情報によってICカードや携帯電話にお金としての機能を持たせたものを何といいますか。（　　　　）

□ ⑥ ④・⑤のような支払い方法が普及（ふきゅう）することにより考えられる，a 便利さ，b 問題点をそれぞれ簡単に説明しなさい。

a（　　　　）

b（　　　　）

【消費者の権利と責任】

❷ 次の問いに答えなさい。

□ ① 訪問販売に限らず，業者側の不当な勧誘（かんゆう）があった場合には，消費者が業者と結んだすべての契約を取り消すことができるとする法律を，次の㋐～㋓から選び，記号で答えなさい。（　　　　）

㋐ 消費者保護基本法　㋑ 消費者契約法　㋒ 消費者基本法　㋓ 食品表示法

□ ② 次の資料は，ある法律の一部です。この法律を何といいますか。（　　　　）

> 第 1 条（目的）
> この法律は，製造物の欠陥により人の生命，身体又は財産に係る被害が生じた場合における製造業者等の損害賠償の責任について定めることにより，被害者の保護を図り，（省略）

□ ③ クーリング・オフ制度とはどのような制度ですか。簡単に説明しなさい。

（　　　　）

[ヒント] ❷① 消費者が業者と結んだ契約を取り消せるということから考えます。

[ミスに注意] ❶③ 預金をするだけでなく，株式や債券（さいけん）を購入することや保険に入ることも含まれます。

第4章

【 流通のはたらき 】

❸ 次の問いに答えなさい。

☐ **❶** 右の図は，商品が消費者に届くまでの流れを
示したものです。Aにあてはまる，
財などを直接販売する業種を何といいますか。

☐ **❷** 右の図の a ～ d にあてはまるものを
次の㋐～㋓から選び，記号で答えなさい。

㋐ コンビニエンスストア　　㋑ 百貨店

㋒ オンラインショッピング

㋓ スーパーマーケット

a　　　　　b　　　　　c　　　　　d

☐ **❸** 図中のBは，野菜や果物を直接，生産農家から消費者に
届けるしくみを表しています。このしくみを何といいますか。

☐ **❹** 次の図の a ～ d にあてはまる業種を，あとの㋐～㋗から選び，記号で答えなさい。

a　　　　　b　　　　　c　　　　　d

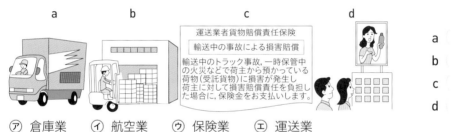

運送業者貨物賠償責任保険

輸送中の事故による損害賠償

輸送中のトラック事故，一時保管中の火災などで荷主から預かっている荷物(受託貨物)に損害が発生し荷主に対して損害賠償責任を負担した場合に，保険金をお支払いします。

a
b
c
d

㋐ 倉庫業　　㋑ 航空業　　㋒ 保険業　　㋓ 運送業

㋔ 接客業　　㋕ 通信業　　㋖ 広告業

【 生産と企業 】

❹ 次の文を読んで，問いに答えなさい。

☐ **❶** ものを作るのに必要な，原材料・道具・機械・燃料などを
買いそろえるためのものを何といいますか。

☐ **❷** 生産とはどのような活動ですか，簡単に説明しなさい。

☐ **❸** 資本主義経済のしくみを表した右の図の a ～ d に
あてはまる語句を次の㋐～㋓から選び，記号で答えなさい。

㋐ 労働者　　㋑ 資本家　　㋒ 賃金　　㋓ 財・サービス

a　　　　　b　　　　　c　　　　　d

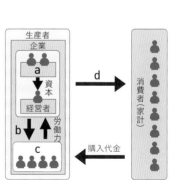

⸺⸺⸺⸺⸺⸺⸺⸺⸺⸺⸺⸺⸺⸺⸺⸺⸺⸺⸺⸺⸺⸺⸺⸺⸺

ヒント ❹❶生産の三要素は資本・土地・労働力です。

ミスに注意 ❸❷おもに a は町の中心部に，b は郊外に，c は身近なところで見かけます。

【株式会社のしくみ】

❺ 次の問いに答えなさい。

☐ **❶** 右の図は株式会社のしくみを表したものです。左の文章を参考にして，
図中の㋐〜㋒にあてはまる語句をそれぞれ答えなさい。

> 株式会社では，多額の資本金を多数の人から
> 集めるために，資本金を少額の（　㋐　）
> に分割する。（　㋐　）を持つ出資者は，
> （　㋑　）とよばれ，その所有する
> （　㋐　）の数に応じて，（　㋑　）総会に
> おける議決権や会社の利益の分配である
> （　㋒　）を受けることができる権利など
> を得ることができる。

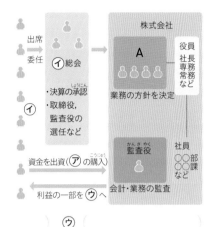

㋐（　　　　　　　）　　㋑（　　　　　　　）　　㋒（　　　　　　　）

☐ **❷** 株式会社が倒産しても，㋑は会社の借金などを返す義務を負う必要がないことを
何といいますか。　　　　　　　　　　　　　　　　　　　　　　（　　　　　　　）

☐ **❸** 図中Aにあてはまる，具体的な方針を決め，実際に事業を行う機関を何といいますか。
（　　　　　　　）

【働くことの意味と働く人の権利・これからの働き方】

❻ 次の文章を読んで，問いに答えなさい。

> 以前，大企業を中心に維持されていた，就職した企業で定年まで働くしくみや，a年齢と
> ともに賃金が上がっていくしくみが崩れ始め，企業はパートやアルバイト，派遣社員など
> の（　b　）を増やすようになった。少子高齢化で労働人口が減少する中で，女性の労
> 働参加が重要になっており，c仕事と生活の両立を図るしくみの整備が求められている。
> 労働者の権利は，d労働三法などいろいろな法律によって守られており，eこれら法律に
> よって定められている労働基準が守られているかどうかを監督する機関も設けられている。

☐ **❶** 下線部aのような賃金を何といいますか。　　　　　　　　　　（　　　　　　　）

☐ **❷** （　b　）にあてはまる語句を答えなさい。　　　　　　　　　（　　　　　　　）

☐ **❸** 下線部cを何といいますか。　　　　　　　　　　　　　　　　（　　　　　　　）

☐ **❹** 下線部dについて，①労働条件の最低基準を定めた法律，②労働三権を具体的に保障した
法律をそれぞれ何といいますか。　①（　　　　　　　）　　②（　　　　　　　）

☐ **❺** 下線部eについて，この機関を何といいますか。　　　　　　　（　　　　　　　）

ヒント ❺❷ 出資者が出資金だけでなく会社の負債をすべて負うことを無限責任制といいます。

ミスに注意 ❻❹① 労働時間を週に40時間以内，1日8時間以内と定めている法律です。

Step 3 予想テスト　　**第 4 章 私たちの暮らしと経済①**　　30分　／100点　目標 70点

❶ 次の文章を読んで，問いに答えなさい。 各3点，❸4点，❹10点

　私たちが使うことのできるお金をもっているのは，家族の誰かが働いて（　①　）を得ているからである。その（　①　）から（　②　）や社会保険料の支払いを除き，a財やサービスの購入にあてる部分を（　③　）といい，預貯金などを貯蓄という。
　b私たちがものを購入する場合，直接お店に行って，代金を（　④　）で支払うことが多い。しかし，現在では，支払いの方法は（　④　）以外に電子マネーの利用など，多様化している。経済活動は消費者と生産者との信頼関係で成り立っているが，消費者は生産者に比べ情報が少ないので，c消費者の安全を守るための法律や制度が整えられている。

☐ ❶　文章中の①〜④にあてはまる語句を答えなさい。

☐ ❷　下線部 a に関する次の①〜④について，財の購入にあてはまるものには A を，サービスの購入にあてはまるものには B を書きなさい。
　　① 美容院で髪を切る。
　　② 書店で参考書を買う。
　　③ 病院で治療をしてもらう。
　　④ 百貨店で洋服を買う。

☐ ❸　下線部 b について，右の資料は消費の内訳の推移を示したものです。資料の中で，割合の増え方が最も大きい項目は何ですか。「その他」以外から選びなさい。技

☐ ❹　下線部 c について，次の文の（　　）にあてはまる適切な内容を答えなさい。
　　●クーリング・オフ制度とは，訪問販売などによって，商品を購入した場合，一定の期間内であれば，（　　　　　　　　　　）契約を解除できる制度である。

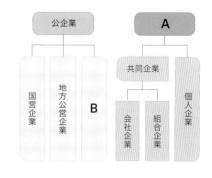

	0	20	40	60	80	100%
1970年 7万9531円	34.1%	9.5	9.0	5.2	4.9 37.3	
1990年 31万1174円	25.4%	7.4	9.7	9.5	4.8 43.2	
2019年 29万3379円	食料25.7%	10.0	14.9	5.8	その他*39.9	

衣服・履物3.7　　交通・通信　　住居　　教養・娯楽
＊交際費・光熱費・保健医療費などが含まれます。
（二人以上の全世帯1か月当たりの平均　2019年総務省）
↑消費の内訳の推移

❷ 次の問いに答えなさい。 ❶各4点，❷各10点

☐ ❶　図中の A・B にあてはまる語句を答えなさい。

☐ ❷　公企業について，①どのような企業ですか，②なぜ公的に運営する必要があるのですか，それぞれ簡単に説明しなさい。思

☐ ❸　企業について，①株式市場で株式を購入することを何といいますか，②企業は社会からCSRを果たすことが期待されていますが，このCSRの意味は何ですか。それぞれ答えなさい。

公企業
　├ 国営企業
　├ 地方公営企業
　└ B

A
　└ 共同企業
　　├ 会社企業
　　├ 組合企業
　　└ 個人企業

❸ 次の問いに答えなさい。 各４点，❺10点

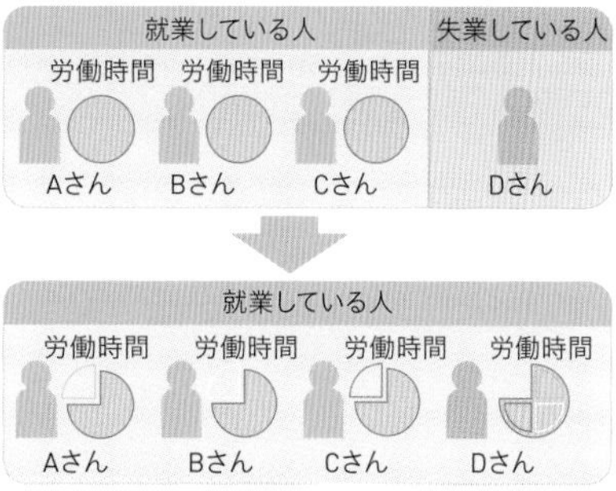

□ ❶ 右の図のような，一人あたりの労働時間を短くすることで，より多くの就業者を生み出すしくみを何といいますか。

□ ❷ 就職してから定年まで同じ企業で働くしくみを何といいますか。

□ ❸ 賃金が支払われず，統計にも表れない時間外労働を何といいますか。

□ ❹ 右のグラフから読み取れる正しいものを，次の㋐～㋓から選びなさい。[技]

㋐ 正規雇用(こよう)者数は1985年から2020年まで常に減少している。

㋑ 非正規雇用者数は1985年から2015年まで常に増加している。

㋒ 2020年の非正規雇用者数の割合は1985年から約30%伸びている。

㋓ 2020年の非正規雇用者数は1985年から約６倍に増加している。

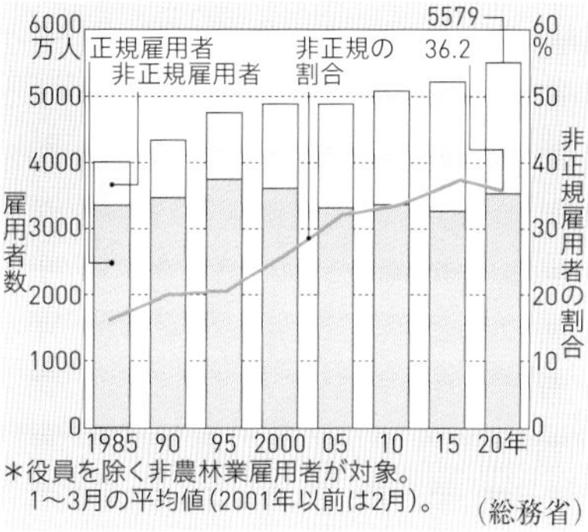

↑正規雇用者数と非正規雇用者数の推移

□ ❺ 非正規雇用者のくらしが正規雇用者に比べて不安定な理由を「賃金」，「雇用」という語句を使って，簡単に説明しなさい。[思]

❶	❶ ①	②		③	
	④	❷ ①	②	③	④
	❸	❹			
❷	❶ A	B			
	❷ ①				
	②				
	❸ ①	②			
❸	❶	❷		❸	
	❹				
	❺				

❶　　／38点　❷　　／36点　❸　　／26点

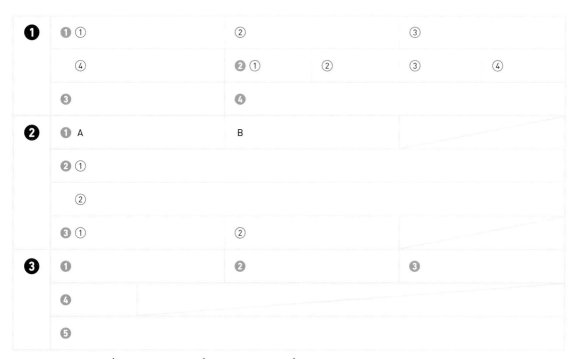

Step 1　基本チェック　：　第4章 私たちの暮らしと経済②

10分

次の問題に答えよう！　間違った問題には□にチェックをいれて，テスト前にもう一度復習！

❶ 市場のしくみとはたらき　▶ 教 p.148-151

解答欄

□ ❶ 財やサービスの価値を貨幣（かへい）の単位で表したものを何というか。　❶

□ ❷ 市場を中心として営まれる経済のしくみを何というか。　❷

□ ❸ 市場において商品の[需要量（じゅよう）]と[供給量]がつりあう❶を何というか。　❸

□ ❹ 国民生活に影響（えいきょう）が大きいため，国や地方公共団体が管理する料金を何というか。　❹

❷ 金融のしくみと財政の役割　▶ 教 p.152-166

□ ❺ 必要とする人に資金を貸すことを何というか。　❺

□ ❻ 資金の貸し借りで，借り手が貸し手に支払うお金を何というか。　❻

□ ❼ 政府のお金の出し入れを管理する，[日本銀行]の機能を何というか。　❼

□ ❽ 紙幣（しへい）（日本銀行券）を発行する，日本銀行の機能を何というか。▶ 図1　❽

□ ❾ 株式などを発行して資金を集める金融（きんゆう）方法を何というか。　❾

□ ❿ 金融機関を通して，間接的にお金を貸し出す金融方法を何というか。　❿

□ ⓫ 株式の取引をする市場を何というか。　⓫

□ ⓬ 社会全体にとって，基本的に必要となる設備（せつび）を何というか。　⓬

□ ⓭ 税金を納める義務のある者と実際に負担する者が一致する税金を[直接税]，一致しない税金を何というか。　⓭

□ ⓮ 一年間の政府の収入を[歳入（さいにゅう）]，支出を何というか。　⓮

□ ⓯ 国内にある外国企業（きぎょう）を含めて，1年間に国内で新たに生産された財やサービスの価値の合計を何というか。　⓯

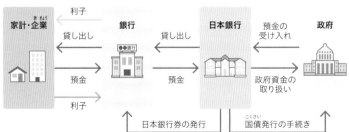

日本銀行は銀行などを通じて，通貨供給量を調整しているんだね。

図1 銀行と日本銀行を中心とした金融のしくみ

Step 2 予想問題 ： **第4章 私たちの暮らしと経済②**

1ページ
10分×3

【 市場メカニズム 】

❶ **右のグラフについて，次の問いに答えなさい。**

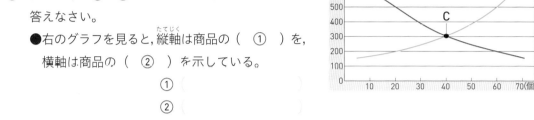

□❶ 次の文中の①・②にあてはまる語句を
答えなさい。
●右のグラフを見ると，縦軸は商品の（ ① ）を，
横軸は商品の（ ② ）を示している。
① (　　　　　　)
② (　　　　　　)

□❷ 右のグラフ中の A，B は何という曲線ですか。
それぞれ答えなさい。　　　A (　　　　　)　B (　　　　　)

□❸ 右のグラフ中の C について，次の問いに答えなさい。
① グラフ中の C は，売りたい量と買いたい量がちょうど等しくなっています。
このような地点での価格を何といいますか。
(　　　　　　)
② 右のグラフで C となったときの価格と個数を，それぞれ答えなさい。
価格 (　　　　)　個数 (　　　　)

【 市場の長所と短所 】

❷ **次の文章を読んで，問いに答えなさい。**

　1つのものやサービスの提供が1社，または数社の企業によってしか行なわれなかったり，複数の企業が話し合いをして価格維持をはかったりすると，（ ① ）がなくなって消費者が不利益を受ける。そこで消費者の利益を守るため，a企業の健全な（ ① ）を維持するための法律が制定され，（ ② ）が実際に運用している。また，市場メカニズムに委ねることがそぐわない，電気・ガス・水道・教育などの財やサービスは，b公共料金として政府などが価格の管理をしている。

□❶ 文章中の①・②にあてはまる語句をそれぞれ答えなさい。
① (　　　　　)　② (　　　　　)
□❷ 下線部 a を何といいますか。
□❸ 下線部 b は，なぜ公共料金は公的管理の下におかれているのですか。簡単に説明しなさい。
(　　　　　　　　)

・・・

ヒント ❷❶① これがないと，企業間で話し合いをして市場価格が下がりにくくなります。

ミスに注意 ❶❸① 市場価格は，需要と供給の関係から決まる，市場での実際の価格です。

【 金融と銀行のはたらき 】

❸ 次の文章を読んで，問いに答えなさい。

銀行などの a 金融機関は，資金に余裕がある家計や企業と不足する家計や企業との橋渡しをしている。銀行が，家計などからの預金を元に，企業に貸し付けることを（　①　）という。銀行は預金者に（　②　）を払うが，これより高い（　②　）で貸し付けを行い，その差額を自らの（　③　）とする。日本の（　④　）銀行である日本銀行は，一万円札や千円札などの（　⑤　）を発行するとともに，政府が集めた（　⑥　）をはじめ，政府の資金を取り扱っている。また，日本銀行は b 金融機関だけに資金を貸し出している。

□ ❶ 文章中の①～⑥にあてはまる語句を答えなさい。

①　　②　　③

④　　⑤　　⑥

□ ❷ 下線部 a にあてはまらないものを，次の㋐～㋒から 1 つ選び，記号で答えなさい。

㋐ 証券会社　　㋑ 農業協同組合　　㋒ 貿易会社

□ ❸ 下線部 b から，日本銀行は何といわれていますか。

【 株式市場のはたらき 】

❹ 次の文章を読んで，問いに答えなさい。

銀行という金融機関を通じて間接的にお金を貸すしくみのことを（　a　）という。一方，企業が証券市場を通じて，直接資金を融通することを直接金融という。直接金融には，企業が（　b　）や（　c　）を発行して，それらの購入者から資金を集める方法が一般的である。

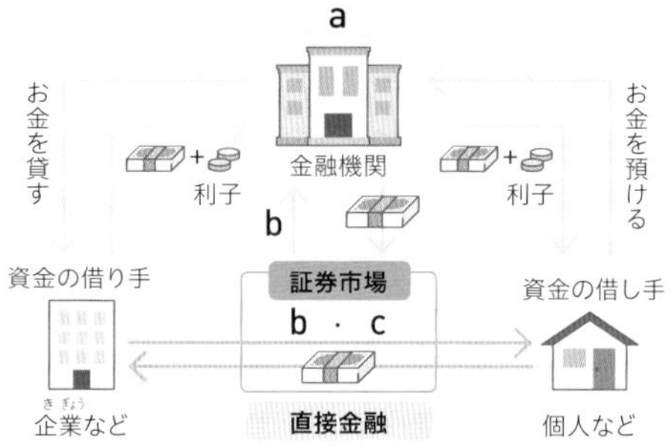

□ ❶ 文章中と図中の a ～ c に共通してあてはまる語句を答えなさい。

a　　b　　c

□ ❷ 株式について，次の問いに答えなさい。

① 株式の株価は，株式に対する（　d　）と（　e　）の関係で決まります。
d と e にあてはまる語句を答えなさい。d　　e

② 株式の売り買い金額の差額を何といいますか。

③ 実際の企業の活動を見ず，②の獲得だけを目的にすることを何といいますか。

[ヒント] ❸❸ 金融機関から余ったお金を預かったり，お金が不足した金融機関に貸し出したりします。

[ミスに注意] ❹❷③ 会社の事業に参加するために，株式を購入することを投資といいます。

[解答▶p.11]

【 政府の経済活動 】

❺ 次の問いに答えなさい。

A
民間企業だけでは，十分に供給できないものを，政府が代わって供給し，地域間の資源のかたよりをなくす。

B
所得の多い人には，税を多く負担してもらい，他方で社会保障政策などを行うことで，所得の格差を調整する。

C
景気循環の大きな変動に対し，中央銀行と協調しながら，景気を調節して安定させる。

□ ❶ 右の図は，財政の三つの役割を示したものです。
　　A〜Cにあてはまる役割を答えなさい。

　　A（　　　　　　　　）　　B（　　　　　　　　）
　　C（　　　　　　　　）

□ ❷ 次の①〜③は財政のどの役割にあてはまりますか。
　　A〜Cから選び，それぞれ記号で答えなさい。

　　① 所得格差の是正　　　② 公共サービスの供給　　　③ 財政政策を行う

　　　　　　　　　　　① （　　　　　）　② （　　　　　）　③ （　　　　　）

□ ❸ 次の文中のa〜dにあてはまる語句を答えなさい。

　　●景気が良い（　a　）のときには，経済活動が活発で，人々の所得の水準も（　b　）
　　くなる。景気が悪い（　c　）のときには，経済活動が低迷し，人々の所得の水準が（　d　）
　　くなる。

　　　　　　　　　　　a （　　　　　　　　）　　b （　　　　　　　　）
　　　　　　　　　　　c （　　　　　　　　）　　d （　　　　　　　　）

【 税金の種類と特徴・政府の収入と支出 】

❻ 右の資料を見て，次の問いに答えなさい。

国は財政活動を行うために，毎年（　①　）を立てて計画
に基づいて政策を行っている。歳入で最も割合が多いのは
税収を除くと（　②　）で，これは国が税収の不足を補う
ため（　③　）を発行して借りたお金（元金）である。歳
出では，（　④　）が最も割合が高くなっている。

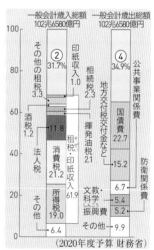

↑国の歳入と歳出

□ ❶ 文章と資料中の①〜④にあてはまる語句を答えなさい。

　　　　　　　① （　　　　　　　　）　② （　　　　　　　　）
　　　　　　　③ （　　　　　　　　）　④ （　　　　　　　　）

□ ❷ 次の文中の⑤・⑥にあてはまる内容を答えなさい。

　　●地方交付税と国庫支出金は，ともに地方公共団体が国から受けとる財源だが，
　　地方交付税は使い道を（　⑤　）が国庫支出金との違いである。また，国は
　　地方交付税を配分することで，地域どうしの（　⑥　）しようとしている。

　　　⑤ （　　　　　　　　　　　　　　　　　　　　　）
　　　⑥ （　　　　　　　　　　　　　　　　　　　　　）

 ❻❷⑥ 人口や大企業の数などによって各地方公共団体の収入には差があります。

🚫 ミスに注意 ❺❷③ 財政政策によって，政府は景気の浮き沈みを減らす政策を行っています。

Step 3 予想テスト　第4章 私たちの暮らしと経済②

30分　／100点　目標 70点

❶ 次の問いに答えなさい。

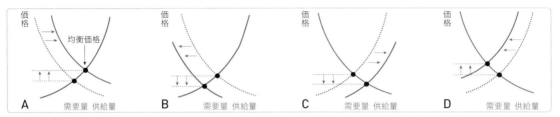

A　需要量 供給量　　B　需要量 供給量　　C　需要量 供給量　　D　需要量 供給量

□ ❶ 次の①～④の現象による変化を表したグラフを，A～Dからそれぞれ選びなさい。技

① 観光地のホテルが増えたので，宿泊費が下がった。

② テレビの購入が減少したので，テレビの価格が値引きされた。

③ 野菜の不作により，値段が上がった。

④ 特定の商品が大量購入されたことにより，価格が上がった。

□ ❷ 次の①～③の商品やサービスの価格のことを，それぞれ何といいますか。

① 市場のシェアの90％を占めていた3社が横並びで料金を値上げした。

② 鉄道料金の値上げを政府が認可した。

③ 全く同じ商品でも小売店によって販売価格が違っていた。

□ ❸ 価格が供給量や需要量の変動で均衡価格に導かれる働きを何といいますか。

❷ 次の問いに答えなさい。

□ ❶ 図中のXとYにあてはまる語句を
答えなさい。

□ ❷ 次の①～③のうち，直接税にあてはまる
ものはア，間接税にあてはまるものをイ
と答えなさい。

① 消費税　　② 法人税　　③ 所得税

□ ❸ 所得税などで適用されている，所得が多く
なるほど税率が高くなる課税方式を
何といいますか。

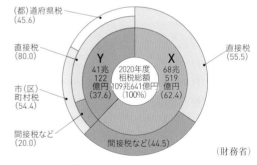

(都)道府県税
(45.6)

直接税
(80.0)

市(区)
町村税
(54.4)

間接税など
(20.0)

Y
41兆
122
億円
(37.6)

2020年度
租税総額
109兆641億円
(100%)

X
68兆
519
億円
(62.4)

直接税
(55.5)

間接税など(44.5)

(財務省)

↑XとYの比率

□ ❹ ❸の制度が採用されている理由を簡単に説明しなさい。思

□ ❺ 次の文の（　）にあてはまる語句を答えなさい。

●消費税は，所得の多い人も少ない人も同じ税率で課税されるので，
所得の低い人が所得に占める税負担の割合が高くなる，（　）という問題が
生じやすくなる。

❸ 次の問いに答えなさい。 各 4 点，❺❻各 8 点

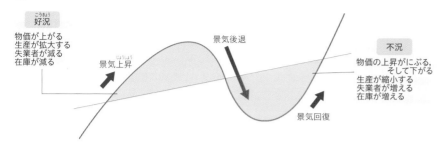

□ ❶ 好況の時期に，物価が上がり続ける状態を何といいますか。

□ ❷ 不況の時期に，物価が下がり続ける状態を何といいますか。

□ ❸ 好況の時期には，国全体の財やサービスの価値（付加価値）の合計が増えます。
この財やサービスの価値の合計を何といいますか。

□ ❹ 市場経済に見られる，❶と❷が交互に繰り返される性質を何といいますか。

□ ❺ 好況の時期に，政府はどのような財政政策を行いますか。簡単に説明しなさい。思

□ ❻ 不況の時期に，日本銀行はどのような金融政策を行いますか。簡単に説明しなさい。思

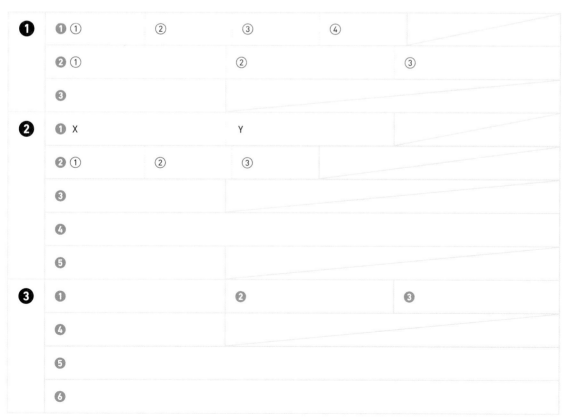

Step 1　基本チェック　第 5 章 安心して豊かに暮らせる社会

10分

次の問題に答えよう！　間違った問題には□にチェックをいれて，テスト前にもう一度復習！

1 暮らしを支える社会保障　▶ 教 p.170-179

解答欄

□ ❶ 日本国憲法第25条で規定されている社会権は何か。　❶

□ ❷ 加入者や雇用主が保険料を積み立て，病気・けが・失業・老齢などの際に一定の保険金を受け取る制度を何というか。　❷

□ ❸ ❷のうち，老齢などによって働けなくなった場合に，年金の給付を受ける制度を何というか。▶ 図1　❸

□ ❹ 経済的に生活が困難な人に生活費などを支給するしくみを何というか。　❹

□ ❺ 40歳以上の全国民が加入し，介護が必要になった時に介護サービスを提供する制度を何というか。▶ 図2　❺

□ ❻ 誰もが使いやすいように設計することを何というか。　❻

2 これからの日本経済の課題　▶ 教 p.180-190

□ ❼ 環境問題に取り組むため，1993年に制定された法律は何か。　❼

□ ❽ 企業の生産活動や日常生活によって環境が破壊され，地域住民の健康が損なわれることを何というか。　❽

□ ❾ 天然資源の消費をおさえ，環境への影響を最小限にする社会は何か。　❾

□ ❿ 〔リデュース〕，〔リユース〕，〔リサイクル〕をまとめたもので資源を有効に活用していくための考え方を何というか。　❿

□ ⓫ 国際間の貿易に対して政府が介入せず，市場機構にゆだねる貿易を何というか。　⓫

□ ⓬ 諸国間の貿易に国家が介入して国内産業を守る立場の貿易は何か。　⓬

図1　年金保険制度のしくみ

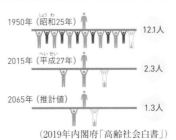

1950年（昭和25年）　12.1人
2015年（平成27年）　2.3人
2065年（推計値）　1.3人

（2019年内閣府「高齢社会白書」）

図2　高齢者 1 人を支える現役世代の人数

少子高齢化が進むなか，社会保障制度を維持するためには，公助・自助・共助の考え方が重要になるよ。

［解答 ▶ p.13］

1ページ
10分×3

【 社会保障制度のしくみと役割 】

❶ 次の問いに答えなさい。

A 高齢者や障がい者，児童など，社会的に弱い立場の人に対して，生活の保障や支援のサービスを提供し，生活の安定をはかる制度

B 収入が少なく，生活が困難な人に国が経済的援助を行い，その自立を助ける制度

C 病気，失業，老齢などの際に，医療費の助成や生活費の給付を受ける制度

D 感染症の予防や予防接種など保健所を中心とした国民保険サービス，公害対策などによって，国民の健康増進をはかる制度

□ ❶ A～Dは，困難な状況になったとき，個人にかわって国が生活の保障を行う制度です。この制度を何といいますか。 （　　　　　）

□ ❷ A～Dにあてはまる❶の制度をそれぞれ答えなさい。

A （　　　　　）　　B （　　　　　）

C （　　　　　）　　D （　　　　　）

□ ❸ ❶の制度に最も関係が深い，次の憲法第25条の①～③にあてはまる語句を答えなさい。

第25条　すべて国民は，（　①　）で（　②　）的な（　③　）限度の生活を営む権利を有する。

①（　　　　　）　　②（　　　　　）　　③（　　　　　）

【 少子高齢社会への取り組み 】

❷ 次の問いに答えなさい。

□ ❶ 資料から，将来的に日本の人口について，どのようなことがいえますか。「総人口」，「高齢者」，「子ども」という語句を使って，簡単に書きなさい。

（　　　　　　　　　　　　　　　　）

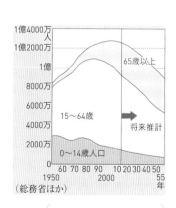

□ ❷ 資料のような年齢別の人口構成が進む社会のことを何といいますか。 （　　　　　）

□ ❸ 40歳以上の人があらかじめ保険料を負担し，介護が必要になったときにサービスが受けられる制度を何といいますか。 （　　　　　）

□ ❹ 道路や港湾，図書館など，国や地方自治体が公共事業として整備する公共施設を何といいますか。漢字4文字で答えなさい。 （　　　　　）

- -

🖐ヒント ❷❶総人口がどうなるのか，高齢者や子どもの数がどうなるのかを書きましょう。

✗ミスに注意 ❶❷ A～Dはそれぞれ，公的扶助，社会保険，社会福祉，公衆衛生のいずれかです。

【 経済活動と環境① 】

❸ 次の問いに答えなさい。

□ ❶ 図中の A 〜 D にあてはまる公害を次の
　　㋐〜㋓から選び，記号で答えなさい。
　　㋐ イタイイタイ病　　㋑ 新潟水俣病
　　㋒ 四日市ぜんそく　　㋓ 水俣病

　　　　A（　　　）　　　　B（　　　）
　　　　C（　　　）　　　　D（　　　）

	A （新潟県）	B （三重県）	C （富山県）	D （熊本県）
主な原因	水質汚濁	大気汚染	水質汚濁	水質汚濁
	工場廃水中の水銀など	コンビナート工場群の排出した亜硫酸ガス	鉱山から神通川流域に流されたカドミウム	工場廃水中の水銀など
被告	昭和電工	昭和四日市石油,三菱油化など6社	三井金属鉱業	チッソ
判決	1971年9月患者側全面勝訴	1972年7月患者側全面勝訴	1972年8月患者側全面勝訴	1973年3月患者側全面勝訴

□ ❷ 四大公害で多くの犠牲者を出したことを
　　きっかけに1967年に制定された法律を
　　何といいますか。

□ ❸ 汚染者負担の原則（PPP）とはどのような原則ですか。簡単に説明しなさい。

□ ❹ 工場建設や地域開発を計画する際，環境への影響を事前に評価することを何といいますか。

【 経済活動と環境② 】

❹ 次の文章を読んで，問いに答えなさい。

　20世紀の日本は，経済成長を目ざし，急速に工業化を進めた。その結果，石油や石炭など限りある資源の枯渇，ₐごみ問題や資源問題などが発生した。これらを解決するために，これまでのライフスタイルや経済活動など，社会活動自体を根本的に見直し，ᵦ循環型社会の構築を目ざす必要がある。

□ ❶ 下線部 a について，3Rの取り組みが行われています。
　　3Rのうち，リサイクル以外の2つを
　　それぞれカタカナで答えなさい。

□ ❷ 下線部 b について，循環型社会の実現を目ざして，
　　2000年に制定された法律を何といいますか。

□ ❸ 循環型社会とはどのような社会ですか。
　　右の図を参考にして，「廃棄物」，「資源」，「再使用」
　　の語句を使って，簡単に説明しなさい。

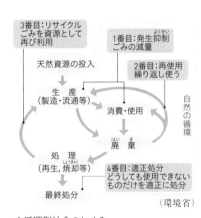

↑循環型社会のしくみ

❤ ヒント ❹❸資源の消費を抑え，環境への負荷を減らすためにどのような行動をすればよいでしょうか。

✖ ミスに注意 ❸❷1993年に制定された環境基本法ではありません。

【国境を越えるもの・情報・人・お金①】

❺ 次の文章を読んで，問いに答えなさい。

国際貿易により，消費者は自国では入手が難しかったものやサービスを安い値段で手に入れることができ，私たちの生活が豊かになる面もあるが，a国際競争によって企業が海外に工場を移転すると，国内の産業が衰退する面もある。国際貿易には，工業化を進めた韓国や中国などの東アジアの国々やbBRICSとよばれる新興国が次々と参加するようになり，その結果，c経済のグローバル化が急速に進むようになった。

□ ❶ 下線部 a について，このような状態を何といいますか。（　　　）

□ ❷ 下線部 a について，企業はどうして海外に工場を移転させるのですか，簡単に説明しなさい。

（　　　）

□ ❸ 下線部 b について，あてはまらない国を次の㋐～㋓から 1 つ選び，記号で答えなさい。

㋐ ブラジル　㋑ ロシア　㋒ イタリア　㋓ 中国　（　　　）

□ ❹ 下線部 c ついて，環太平洋パートナーシップ（TPP）協定を結んでいる国にあてはまるものを，次の㋐～㋓から 1 つ選び，記号で答えなさい。

㋐ ドイツ　㋑ オーストラリア　㋒ アメリカ合衆国　㋓ 中国　（　　　）

【国境を越えるもの・情報・人・お金②】

❻ 右の資料を見て，次の問いに答えなさい。

□ ❶ 国内での「産業の空洞化」で生じることについて，次の①～④の文の（　　）にあてはまる語句を，あとの㋐～㋓から選び，記号で答えなさい。同じ記号を 2 回使っても構いません。

① 国内従業員数の（　　　）
② 国内非正規雇用者数の（　　　）
③ 海外進出先の販売量の（　　　）
④ 国内の地域経済の（　　　）

㋐ 増加　㋑ 減少　㋒ 発展　㋓ 衰退

①（　　　）②（　　　）③（　　　）④（　　　）

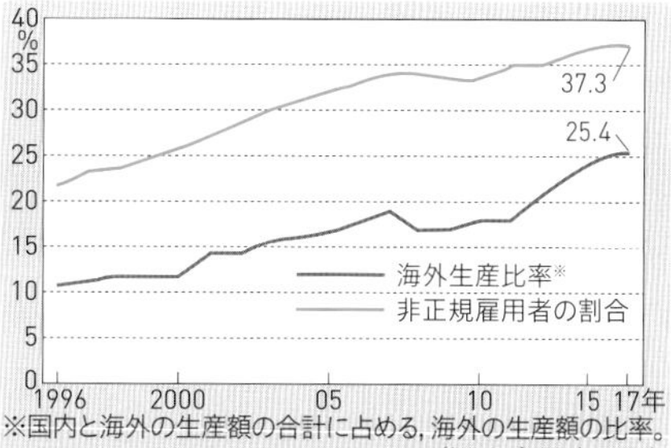

※国内と海外の生産額の合計に占める，海外の生産額の比率。
（国土交通省ほか）

↑日本の製造業の海外生産比率と，労働者に占める非正規雇用者の割合の推移

□ ❷ 非正規雇用者数の変化について，資料のような変化が生まれる理由を，「正規雇用者と比べて」という語句に続いて，簡単に説明しなさい。

（正規雇用者と比べて，　　　）

□ ❸ 国内だけでなく，海外でも事業を幅広く展開している企業を何といいますか。

（　　　）

[ヒント] ❺❹太平洋を取り囲む国々による経済連携協定です。

[ミスに注意] ❻❷人件費に着目して，「正規雇用者」と「非正規雇用者」の違いを考えましょう。

Step 3 予想テスト　　**第 5 章 安心して豊かに暮らせる社会**　　30分　／100点　目標 70点

❶ 次の問いに答えなさい。　各4点、❺❻各10点

☐ **①** 図中の A ～ D にあてはまる社会保障制度を答えなさい。

☐ **②** A ～ D のうち，高齢者や障がいのある人に，支援サービスなどを提供する制度はどれですか。社会保障制度名で答えなさい。

☐ **③** 日本の社会保障制度は，日本国憲法の第何条に基づいていますか。

☐ **④** ③の条文で定められている生存権に基づく生活保護の制度は，人々に健康で文化的な最低限度の生活を保障する最後の（　　　）といわれています。（　　　）にあてはまる語句を答えなさい。

☐ **⑤** ユニバーサルデザインとはどのような考え方ですか。簡単に説明しなさい。🈮

☐ **⑥** 少子高齢社会で社会保障関係費が増大する理由を簡単に説明しなさい。🈮

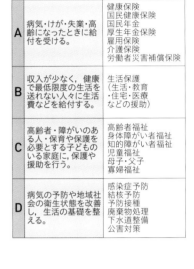

A	病気・けが・失業・高齢になったときに給付を受ける。	健康保険 国民健康保険 国民年金 厚生年金保険 雇用保険 介護保険 労働者災害補償保険
B	収入が少なく，健康で最低限度の生活を送れない人々に生活費などを給付する。	生活保護 （生活・教育 ・住宅・医療 などの援助）
C	高齢者・障がいのある人・保育や保護を必要とする子どものいる家庭に，保護や援助を行う。	高齢者福祉 身体障がい者福祉 知的障がい者福祉 児童福祉 母子・父子 寡婦福祉
D	病気の予防や地域社会の衛生状態を改善し，生活の基礎を整える。	感染症予防 結核予防 予防接種 廃棄物処理 下水道整備 公害対策

❷ 次の問いに答えなさい。　各3点、❶それぞれ完全で各3点

☐ **①** 日本の四大公害について，それぞれの公害の発生地域を右の地図中の⑦～㋖から，また，その原因をあとの A ～ D から選び，記号で答えなさい。同じ記号を 2 回使っても構いません。🈝
① 新潟水俣病　　② 四日市ぜんそく
③ 水俣病　　　　④ イタイイタイ病
A 工場廃水中の水銀など　B 飛行機による騒音
C 工場排出の亜硫酸ガス　D 鉱山流出のカドミウム

☐ **②** 1967年に制定された公害対策の中心となる法律を何といいますか。

☐ **③** 1993年に，❷の法律を発展させて，環境の保全についての基本理念をまとめた法律が制定されました。この法律を何といいますか。

☐ **④** 公害に伴う費用はその発生者が負担するという原則を何といいますか。

☐ **⑤** 環境アセスメントの実施を義務づけた1999年施行の法律を何といいますか。

☐ **⑥** 現在，公害の防止や環境の保全の仕事を担当する国の行政機関はどこですか。

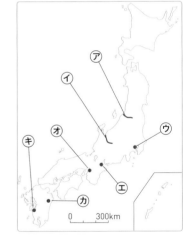

0　300km

❸ 次の問いに答えなさい。 各4点

A　循環型社会を実現するために，ごみの適正な処理を求められている。

B　経済のグローバル化が進み，国際競争や世界的な分業が盛んになり，
国内の経済にも大きな影響を与えている。

C　貿易など，国際的な経済取り引きの場では，通貨の交換が行われる。

D　農作物を原材料にして，加工から販売まで行う（　　）の動きが広がっている。

□ ❶　A について，ごみを再生利用することを何というか。カタカナで答えなさい。

□ ❷　B について，企業が生産拠点を海外に移すことで，国内産業の衰退が進んでいます。
これを何といいますか。

□ ❸　C について，次の文の①・②にあてはまる語句を選び，答えなさい。
　●1ドル＝100円から1ドル＝80円になることを，①（円高・円安）になったといい，
　一般的に日本から外国への輸出量は②（増加・減少）する。

□ ❹　C について，世界各国が自由に生産物の交換を行うことを自由貿易といいますが，
他国の安価な生産物が入ってくるのを防ぐような貿易のことを何といいますか。

□ ❺　D について，地元の農作物や水産物を原材料に加工し，地域ブランドとして販売する動きを
何といいますか。

第5章

❶	❶ A		B		C	
	D		❷	❸		
	❹					
	❺					
	❻					
❷	❶ ①		②		③	
	④		❷		❸	
	❹		❺		❻	
❸	❶		❷			
	❸ ①	②	❹		❺	

| Step 1 | 基本 チェック | 第 6 章 国際社会に生きる私たち 終章 私たちが未来の社会を築く | 10分 |

次の問題に答えよう！　間違った問題には□にチェックをいれて，テスト前にもう一度復習！

❶ 国際社会の平和を目ざして／ 国際社会が抱える課題と私たち　▶ 教 p.194-226

解答欄

□ ❶ 他国から支配や干渉されない独立した国家を何というか。　❶

□ ❷ たがいに独立した❶によって構成される社会を何というか。　❷

□ ❸ 領土 ・ 領海 ・ 領空 からなる，国家の主権が 及ぶ範囲のことを何というか。　❸

□ ❹ 世界平和と安全維持などを目的とした国際機構は何か。▶ 図1　❹

□ ❺ 世界の紛争解決と平和維持を目的とし，5 か国の 常任理事国 と 任期10年の 非常任理事国 10か国から構成される❹の機構は何か。　❺

□ ❻ 紛争の国際的な拡大を防止するために❹が行う活動は何か。　❻

□ ❼ 利害関係が一致する国々がまとまり，政治的・経済的な協力を 強めようとする動きのことを何というか。　❼

□ ❽ 先進国 の政府が 発展途上国 に対して行う 資金援助や技術協力は何か。　❽

□ ❾ 核兵器 をもつ国を増やさないための条約を何というか。　❾

□ ❿ 難民 の保護と支援を目的とした❹の組織を何というか。▶ 図2　❿

□ ⓫ 人間一人ひとりの人権や生命，尊厳を大切にするという考え方は何か。　⓫

□ ⓬ 先進国と発展途上国間の経済格差による問題を何というか。　⓬

❷ 持続可能な未来の社会へ　▶ 教 p.228-234

□ ⓭ 「地球上の誰一人として取り残さない」をスローガンとした 目標を何というか。　⓭

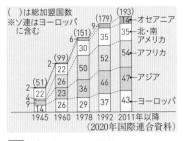

図1 ❹の加盟国数の推移

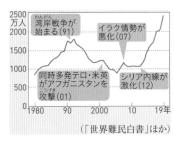

図2 世界の難民数の推移

近年では，国境を越えて 他国へ保護を求める人々 を難民と呼ぶことが多い よ。

［解答 ▶ p.15］

Step 2 　**予想問題**　・**第 6 章 国際社会に生きる私たち**
終章 私たちが未来の社会を築く

1ページ
10分×3

【 国家と国際法・国家と領土 】

❶ 次の問いに答えなさい。

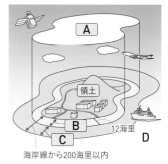

（国連海洋法条約による）

☐ ❶　日本の国旗と国歌の名称は何ですか。

国旗（　　　　　　　　　　　）　国歌（　　　　　　　　　）

☐ ❷　国家は，領域，国民と何からなっていますか。

（　　　　　　　　　）

☐ ❸　右の図の A ～ D にあてはまる語句を答えなさい。

A（　　　　　　　　　）　B（　　　　　　　　　）
C（　　　　　　　　　）　D（　　　　　　　　　）

☐ ❹　次の①～③で説明している地域にあたる，
日本固有の領土をそれぞれ答えなさい。

①　中国が領有権を主張している。

②　日本はソ連に引き続き，ロシアに返還を求めている。

③　韓国が不法に占拠し，日本が抗議を続けている。

（　　　　　　　　　）

【 国際連合のはたらき 】

❷ 次の文章を読んで，問いに答えなさい。

平和の維持を担当する国連の機関の安全保障理事会では，重要な議題について議決する場合，常任理事国が 1 か国でも反対すると決定できないという（　A　）原則があり，常任理事国がもつこの権利を（　B　）という。また，全加盟国で構成され，国連憲章に定められたすべての問題について討議し，すべての国が平等に一票ずつ持つ（　C　）が置かれている。さらに，国連には，文化・教育の振興に取り組む（　D　）や感染症などの保健政策を行う（　E　），飢えや病気，貧困などから子どもたちの権利を守る（　F　）などの専門・補助機関がある。

☐ ❶　下線部について，常任理事国 5 か国を答えなさい。

（　　　　　　　　　　　　　　　　　　　　　　　）

☐ ❷　文章中の A ～ F にあてはまる語句を答えなさい。

A（　　　　　　　　　）　B（　　　　　　　　　）　C（　　　　）
D（　　　　　　　　　）　E（　　　　　　　　　）　F（　　　　）

. . . .

ヒント ❷❷ D と F のアルファベットの頭文字は「U」，E が「W」です。

ミスに注意 ❶❷ C は自国の領域ではありませんが，資源を利用する権利があります。

【 世界各地の地域統合 】

❸ 次の図を見て，問いに答えなさい。

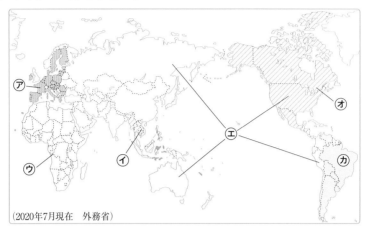

(2020年7月現在　外務省)

☐ ❶ 上の図の地域統合㋐〜㋕について，名称を答えなさい。

㋐ (　　　　　　)　㋑ (　　　　　　)　㋒ (

㋓ (　　　　　　)　㋔ (　　　　　　)　㋕ (

☐ ❷ 2018年に発効した，太平洋地域において自由な協力をしようとする協定を
何といいますか。　　　　　　　　　　　　　　　　　　　(

【 世界の地域紛争・地域間の経済格差 】

❹ 次の問いに答えなさい。

1989年，ベルリンの壁の崩壊をきっかけに東西の（　　　　）が終結に向かった。
しかしその後も，アフリカをはじめ，世界各地で地域紛争が起こっている。

☐ ❶ 文章中の（　　）にあてはまる語句を答えなさい。

☐ ❷ 下線部について，次の問いに答えなさい。

① 政治上の目的を達成するために，特定の組織が暗殺や暴力などの残虐な手段を
行使することを何といいますか。　　　　　　　　　　　　　　　(

② 地域紛争や①のおもな原因を次の㋐〜㋓から 2 つ選び，記号で答えなさい。
㋐ 貧困　　㋑ 少子高齢化　　㋒ 自然環境　　㋓ 信仰の違い
(　　) (　　)

③ 自国にいると迫害を受ける恐れがあるため，他国へ逃れた人々のことを
何といいますか。　　　　　　　　　　　　　　　　　　　(

④ ③が祖国に戻れるように，保護や救助活動に取り組んでいる国連の機関を答えなさい。
(

⑤ 発展途上国間での経済格差による問題を何といいますか。
(

❹❷③ ヨーロッパ諸国の中には，これらの人々の受け入れへの反発がある国もあります。

❸❶㋔ 加盟 3 か国を並べた名称で，NAFTAを引き継いだものです。

【 人口と食糧の問題 】

❺ 次の問いに答えなさい。

□ ❶ 右の図から，栄養不足の状態が進んでいる
州はどこですか。

（　　　　　　　　　）

□ ❷ 次の文中の A 〜 D にあてはまる語句を
答えなさい。

A （　　　　　　　　　）

B （　　　　　　　　　）

C （　　　　　　　　　）

D （　　　　　　　　　）

栄養不足人口の割合…栄養不足度（2019年 WFP 国連世界食糧計画）

	35%以上 ……非常に高い		15〜24.9% ……やや高い		5%未満 ……非常に低い
	25〜34.9% …高い		5〜14.9% …やや低い		データなし，またはデータ不足

↑世界の飢餓状況を示すハンガーマップ

（　A　）不足の原因の１つに，世界中で肉食の割合が高くなると，（　B　）用の飼料
が必要になり，その分（　A　）としての穀物が減ってしまうことがある。また（　A　）
のかたよった配分のされ方により，先進国で一人当たりの（　C　）摂取量が多く，膨
大な食品（　D　）が発生し，発展途上国では飢餓に苦しんでいる。

【 持続可能な未来を築いていくために 】

❻ 右の資料を見て，次の問いに答えなさい。

□ ❶ 「持続可能な開発目標」のアルファベットの略称を何といいますか。　（　　　　　　　　　）

□ ❷ 次の図は，持続可能な開発目標を示しています。図中の A 〜 D にあてはまる語句を
㋐〜㋓からそれぞれ選びなさい。

㋐ 安全な水とトイレを
世界中に

㋑ 陸の豊かさも守ろう

㋒ 飢餓をゼロに

㋓ 人や国の不平等をなくそう

A （　　　　　　　　　）

B （　　　　　　　　　）

C （　　　　　　　　　）

D （　　　　　　　　　）

SUSTAINABLE DEVELOPMENT G⊙ALS

↑❶の17の目標

- -

🔔ヒント ❺❷ C，D はともにカタカナ表記です。

❌ミスに注意 ❻ A は湯気がのぼる温かな食事，B はコップの中の水を示しています。

Step 3 予想テスト　第6章 国際社会に生きる私たち 終章 私たちが未来の社会を築く

/100点
目標 70点

30分

❶ 次の問いに答えなさい。

☐ ❶ 右の図の A ～ D にあてはまる語句を答えなさい。

☐ ❷ 次の文章中のⓐ～ⓔにあてはまる
語句を答えなさい。

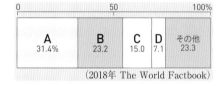
↑世界の宗教別人口の割合

●パレスチナの都市 (　ⓐ　) は, (　ⓘ　) 教,
(　ⓤ　) 教, (　ⓔ　) 教の三つの宗教の聖地
である。異なる宗派の人々が共存してきたが, 一方, (　ⓘ　) 人たちは世界各地に離散し,
差別や迫害を受けてきた。第二次世界大戦後, アメリカやヨーロッパ諸国の支援で
(　ⓞ　) が建国され, (　ⓘ　) 人たちの帰る場所ができたが, この地に長く住んでい
た (　ⓤ　) 教徒のパレスチナ人たちは住む場所を追われた。(　ⓞ　) は (　ⓐ　) を
首都として宣言しているが, パレスチナも同じ主張をしている。

❷ 次の問いに答えなさい。

☐ ❶ 下の表の特徴にあてはまる A ～ F の再生可能エネルギーを
次のⓐ～ⓕから選び, 記号で答えなさい。

発電方法	特　徴
A	風車を回し, その回転運動を利用して発電する。
B	動植物から生まれた再生可能な資源を再利用して発電する。
C	水が高い所から低い所へ流れるときのエネルギーを利用する。
D	地下のマグマのエネルギーを利用して発電する。
E	海で発生する波の上下運動を利用して発電する。
F	光のエネルギーを電気に変換して発電をする。

ⓐ バイオマス発電　　ⓘ 太陽光発電
ⓤ 風力発電　　　　　ⓔ 地熱発電
ⓞ 水力発電　　　　　ⓕ 波力発電

☐ ❷ 右のグラフの A ～ E にあてはまる国を
次のⓐ～ⓞから選び, 記号で答えなさい。[技]

ⓐ 日本　　　　ⓘ ドイツ
ⓤ カナダ　　　ⓔ アメリカ
ⓞ フランス

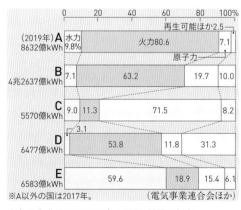
↑主な先進国のエネルギー源別発電量の割合

❸ 下の資料を見て，次の問いに答えなさい。 ❶各 3 点 ❷各 4 点

資料Ⅰ　二酸化炭素の国別排出量の割合（2015年）
（環境省）

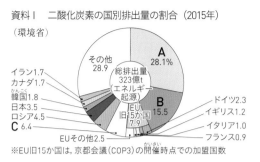

資料Ⅱ　二酸化炭素の累積排出量の割合（1850〜2005年）

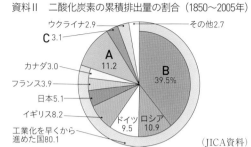

（JICA資料）

※EU旧15か国は，京都会議（COP3）の開催時点での加盟国数

□ ❶ グラフ中の A 〜 C に，共通してあてはまる国を㋐〜㋒から選び，記号で答えなさい。技
　　㋐ アメリカ　　㋑ 中国　　㋒ インド

□ ❷ 次の文章中の㋐〜㋕にあてはまる語句を答えなさい。

地球環境問題のなかでも温室効果ガスの濃度が高くなることで生じる（　㋐　）の問題は深刻である。これに対して世界では1992年に国連環境開発会議「（　㋑　）」が開かれ，「世代間の公平，世代内の公平，自然と人間の調和」を要点とする（　㋒　）発展への転換の必要性が世界各国の間で確認された。1997年に京都市で開かれた気候変動枠組条約第 3 回締約国会議（COP 3 ）において温室効果ガスの排出削減目標を定めた（　㋓　）が採択された。さらに，2015年にパリで開かれた気候変動枠組条約第21回締約国会議（COP21）において，世界の平均気温の上昇を産業革命以前に比べて 2 ℃より低く保つ目標を定めた（　㋔　）が採択された。

第6・終章

❶	❶ A		B		C	
	D					
	❷ ㋐		㋑		㋒	
	㋓		㋔			
❷	❶ A	B	C	D	E	
	F					
	❷ A	B	C	D	E	
❸	❶ A	B	C			
	❷ ㋐		㋑		㋒	
	㋓		㋔			

教育出版版・中学社会公民

テスト前 ☑️ やることチェック表

① まずはテストの目標をたてよう。頑張ったら達成できそうなちょっと上のレベルを目指そう。
② 次にやることを書こう（「ズバリ英語〇ページ，数学〇ページ」など）。
③ やり終えたら☐に✔を入れよう。
　　最初に完ぺきな計画をたてる必要はなく，まずは数日分の計画をつくって，
　　その後追加・修正していっても良いね。

目標

	日付	やること1	やること2
2週間前	／	☐	☐
	／	☐	☐
	／	☐	☐
	／	☐	☐
	／	☐	☐
	／	☐	☐
	／	☐	☐
1週間前	／	☐	☐
	／	☐	☐
	／	☐	☐
	／	☐	☐
	／	☐	☐
	／	☐	☐
	／	☐	☐
テスト期間	／	☐	☐
	／	☐	☐
	／	☐	☐
	／	☐	☐
	／	☐	☐

テスト前 ☑ やることチェック表

① まずはテストの目標をたてよう。頑張ったら達成できそうなちょっと上のレベルを目指そう。
② 次にやることを書こう（「ズバリ英語〇ページ，数学〇ページ」など）。
③ やり終えたら□に✔を入れよう。
　　最初に完ぺきな計画をたてる必要はなく，まずは数日分の計画をつくって，
　　その後追加・修正していっても良いね。

目標

	日付	やること1	やること2
2週間前	／	☐	☐
	／	☐	☐
	／	☐	☐
	／	☐	☐
	／	☐	☐
	／	☐	☐
	／	☐	☐
1週間前	／	☐	☐
	／	☐	☐
	／	☐	☐
	／	☐	☐
	／	☐	☐
	／	☐	☐
	／	☐	☐
テスト期間	／	☐	☐
	／	☐	☐
	／	☐	☐
	／	☐	☐
	／	☐	☐

教育出版版 社会公民 ｜ 定期テスト　ズバリよくでる ｜ 解答集

第1章 私たちの暮らしと現代社会

p.2 **Step ①**

❶ インターネット　❷ グローバル化
❸ 情報化　❹ 人工知能（AI）
❺ SNS　❻ 少子高齢化（こうれいか）　❼ 核家族（かく）
❽ 科学　❾ 伝統文化　❿ 対立　⓫ 合意
⓬ ルール　⓭ 公正

p.3-5 **Step ②**

❶❶ ㋐ 情報化　㋑ 人工知能　㋒ グローバル化
　❷ ㋒
❷❶ 合計特殊出生率
　❷① ㋑　② ㋐　③ ㋕　④ ㋒
❸❶ ㋐ 科学　㋑ ×　㋒ 芸術　㋓ 宗教
　❷ 年中行事　❸ ㋒
　❹ b 仏教　c キリスト教
❹❶ Ⓐ 伝統文化　Ⓑ 生活
　❷ ㋓　❸ 世界遺産
❺❶ Ⓐ ルール（きまり）　Ⓑ 権利
　　Ⓒ 全員（みんな）　Ⓓ 一人
　❷① ㋕　② ㋓　③ ㋒　④ ㋑　⑤ ㋐
❻ ㋐ 効率　㋑ 無駄　㋒ 結果　㋓ 機会　㋔ 手続き

考え方

❶❶㋑ 人工知能では，人が行うと時間も手間も
　かかるようなデータ分析などを効率的にで
　き，人とは違う視点で分析できるとも考え
　られている。
❷❷ 日本では，合計特殊出生率が低下したことで，
　少子化が進んでいるが，その背景にあるさ
　まざまな社会要因をおさえる。
❸❶ ㋑のナイフやフォークを使うことは，食事
　の作法となるため，いずれにもあてはまら
　ない。
　❷ ひな祭りのほかにも，七夕（たなばた）や七五三などの
　ように昔から行われている伝統行事が多い。
❹❷ ㋓の漫画は，伝統文化ではなく，ポップカ
　ルチャー（大衆文化）に属する。

❸ 世界遺産は，その内容によって文化遺産，
　自然遺産，複合遺産に分けられる。
❺❷ 全会一致は意見が割れているときには非常
　に時間がかかる。そのため，現代では多数
　決で物事を決めることが多い。ただし，そ
　の場合にも決める前に少数意見に耳を傾け
　て，良い所を取り入れる事が必要である。
❻ 社会におけるルール作りに最も大切なこと
　は，達成するために効率が良く，多くの人
　に公正なルールになっていることである。

p.6-7 **Step ③**

❶❶ 少子高齢社会
　❷ 15歳以上65歳未満
　❸ ㋓　❹ ㋑
　❺ 例 ソーシャルメディアから個人情報が流出
　してしまうトラブル。
❷❶ 家族　❷ 例 学校，部活動，地域社会，塾
　❸ Ⓐ 多数決　Ⓑ 全会一致（いっち）
　❹Ⓐ ㋑　Ⓑ ㋑　Ⓒ ㋐
❸❶ Ⓐ インターネット　Ⓑ タブレット
　❷ 電子決済
　❸ ㋐ ICT　㋑ AI
　❹ ㋐ 初詣（はつもうで）　㋑ ひな祭り　㋒ 七五三

考え方

❶❶ 少子高齢化が進むと，社会保障の負担が増
　えたり，過疎が進行して社会生活の維持が
　困難になる地域が増えたりする。また，出
　生数が死亡数が下回ると人口減少の問題が
　起きる。
❶❺ 個人情報が流出することについて書かれて
　いればよい。インターネットを利用してよ
　り簡単に情報のやりとりをしやすくしたも
　のが，ソーシャルメディアである。
❷❷ その他にも，学級や委員会などでも正解。
　私たち人間は，このような社会集団の中で
　他者と生きることで，社会的存在であると
　いわれる。

④ 効率とは無駄をなくし，より多くの成果を得ることであるのでC，公正とは不当に扱われる人や物がないことであるのでAとBとなる。

❸ ① ㋐ インターネットは，金融機関との取引や遠隔医療など，過疎化や高齢化社会を支えるものとして期待されるが，使いこなすには技術とセキュリティ管理が必要である。

② 電子決済の例として電子マネー決済がある。ほかにはやクレジットカード決済，ネットバンク決済が代表的である。

③ ㋐ ICTはInformation and Communication-Technologyの略。㋑A IはArtificial-Intelligenceの略。

④ 年中行事の中には，クリスマスやハロウィーンなど，外国から来て日本で定着した行事がある。

第 2 章 個人を尊重する日本国憲法①

p.8 **Step ❶**

① 人権 ② 世界人権宣言
③ 立憲主義
④ 平和主義 ⑤ 国事行為 ⑥ 幸福追求権
⑦ アイヌ文化振興法 ⑧ 両性の本質的平等
⑨ 障害者基本法 ⑩ 精神活動の自由
⑪ 政教分離

p.9-11 **Step ❷**

❶ ① ㋐ ルソー ㋑ ロック ㋒ モンテスキュー
② Ⓐ ワイマール憲法 Ⓑ アメリカ独立宣言
Ⓒ フランス人権宣言

❷ ⓐ ㋒ ⓑ ㋐ ⓒ ㋔ ⓓ ㋓ ⓔ ㋙ ⓕ ㋖

❸ ① 例 重要な事項について，国民自身が最終的に決める権利。
② （国の）最高法規
③ 不成立（廃案） ④ 国事行為 ⑤ ㋐
⑥ Ⓐ 助言 Ⓑ 承認 Ⓒ 責任 （ⒶとⒷは順不同）

❹ ① Ⓐ 法 Ⓑ 平等 Ⓒ 差別
② 個人の尊重
③ 幸福追求権

❺ ① 同和対策審議会の答申
② アイヌ文化振興法
③ セクシュアル・ハラスメント
④ 男女共同参画社会基本法
⑤ バリアフリー

❻ ① ㋐ A ㋑ B ㋒ B ㋓ C ㋔ A
㋕ A ㋖ C ㋗ C ㋘ A ㋙ A
② ⓐ ㋒ ⓑ ㋑ ⓒ ㋕ ⓓ ㋗ ⓔ ㋔

考え方

❶ ① ㋐ ルソーはフランスの思想家。「社会契約論」で人民主権を唱え，フランス革命に影響を与えた。
㋑ ロックはイギリスの思想家。「統治二論」で抵抗権を唱え，アメリカ独立宣言に影響を与えた。
㋒ モンテスキューはフランスの思想家。「法の精神」で三権分立を唱えた。日本の政治も三権分立のしくみを採っている。

② A 第一次世界大戦直後，ドイツで公布されたワイマール憲法は，世界で初めて社会権を認めたものである。

❷ 大日本帝国憲法は，日本最初の近代的な憲法で君主権の強いドイツ憲法（プロイセン憲法）にならってつくられ，天皇が国民に与えるという形で発布された欽定憲法である。国の最高の権力者は天皇であり，外国と条約を結ぶことや戦争を始めること，統帥権（軍隊の最高指揮権）などは，天皇の権限であると定めた。国民の自由や権利は法律の範囲内で認められていた。議会や内閣，裁判所は天皇を助けるものとされた。

❸ ① 国民自身が国の政治を最終的に決める権利。

② 法律，命令や規則は憲法に違反しない範囲で制定されなければならない。憲法は最高の効力を持つ法である。具体的には，裁判所には，国会や内閣に対して違憲立法審査権がある。

③ 憲法改正に対して国会の権限は改正の発議までであり，国民が最終的に決定する権利がある。このため，国民投票で賛成が半数以下の場合，憲法改正案は不成立となり，廃案となる。

❹ 日本国憲法第7条に定められた天皇の形式的・儀礼的行為で，第6条の内閣総理大臣と最高裁判所長官の任命も国事行為に類するものである。

❺ ㋑は内閣，㋒は国会の権限である。

❻ 国事行為を行うには，内閣の助言と承認が必要で，その責任も内閣にある。

❹ ❶ 日本国憲法第14条の条文である。すべての国民が法の下で平等であり，人種や信条，性別や生まれなどによって，生きていくうえで差別されないということが定められている。

❸ 日本国憲法第13条に規定される幸福追求権は，公共の福祉に反しないかぎり，国政で最大限に尊重されるべき権利で，新しい人権が主張される根拠ともなっている権利である。

❺ ❸ 労働者の個人としての尊厳を不当に傷つける行為であり，また，企業にとっても職場の秩序を乱す行為であることから，男女雇用機会均等法では企業に対してその防止を義務付けている。

❺ 生活する上で障害となるものがない社会を作ろうという考え方。障がい者と同じ気持ちや車いす利用者の目線で考えることが重要である。

❻ ❶ ㊀通信の秘密は，憲法第21条や郵便法などで通信業務従業者が他人に手紙・電信・電話などの情報を漏らすことを禁止するとともに，公権力が発信人・受信人の通信内容を調査することができないことが定められている。Bは，問題で提示したもの以外に，黙秘権を認める刑事手続きの保障がある。Cは，不当な経済活動を行うと他者の人権が侵害されることもあることから公共の福祉により制限されることもある。

❷ ㋔冤罪とは，真犯人でない被告人を有罪とすることであり，三審制や再審制度，取り調べの可視化による自白の強要の防止で，冤罪をなくすための制度を整備している。

---

❶ ❶ ⓐ マグナ・カルタ　ⓑ 権利章典
ⓒ 大日本帝国憲法　ⓓ 日本国憲法
ⓔ 世界人権宣言

❷ 自由民権運動

❸ 例 憲法によって国家権力を制限し，国民の人権を保障しようとすること。

❹ X 国民投票　Y 天皇

❺ ⓐ 3分の2　ⓑ 3分の2　ⓒ 半数
ⓓ 過半数

❷ ❶ 管理職

❷ ㋒

❸ ㋑

❸ ❶ 合理的配慮（はいりょ）

❷ ㋒

❹ ❶ 身体の自由，精神活動の自由，経済活動の自由

❷ ⓐ 表現　ⓑ 苦役（くえき）　ⓒ 職業選択（せんたく）

❸ ヘイトスピーチ

❹ 例 自分の不利益な供述を強制されない権利。

❺ ⓐ

考え方

❶ ❹ 憲法改正の手続きと法律制定の手続きの主な差異は以下の通り。
① 国会は発議までで，国民が議決すること。
② 衆議院・参議院ともに総議員の3分の2以上の賛成がないと発議ができないこと。
③ 国民投票の結果は，自動的に成立か不成立に結び付くこと。

❷ ㋒ グラフを見ると，日本の女性の割合はアメリカの割合の4分の1以上である。日本は諸外国に比べ，会社の管理職，国会議員などに占める女性の割合が低いといわれている。また，国会議員や各種審議会委員に占める女性の割合をあらかじめ一定の比率に定めるクオータ制を導入している国もある。

3

❸　合理的配慮とは，障がい者の状況に応じた配慮であり，実際に車いす生活を体験してみる，目隠しして行動するなど，実体験による配慮を考えることが重要である。

❹ ③ 2016年にはヘイトスピーチ解消法が制定されたが，日本国憲法の表現の自由との関係から罰則規定がない。

⑤ 検閲は，表現の自由を侵害する行為として，憲法で禁止されている。

第２章　個人を尊重する日本国憲法②

p.14　**Step ❶**

① **社会権**　② **生存権**
③ **教育を受ける権利**　④ **勤労の権利**
⑤ **労働基本権(労働三権)**　⑥ **参政権**　⑦ **請願権**
⑧ **公共の福祉**　⑨ **環境権**　⑩ **自己決定権**
⑪ **世界人権宣言**　⑫ **子どもの権利条約**
⑬ **平和主義**　⑭ **自衛隊**

p.15-17　**Step ❷**

❶ ① **ワイマール**
② **団結権，団体交渉権，団体行動権（争議権）**
③ 語句 ㋑　権利 **生存権**

❷ ① ㋒　② ① **裁判**　② ㋑

❸ ① **普通教育を受けさせる義務，勤労の義務**
② ㋐ **居住・移動の自由**　㋑ **営業の自由**
㋒ **表現の自由**　㋓ **財産権**　㋔ **労働基本権**
㋕ **集会の自由**
③ ㋐ **情報公開**法　㋑ **公的**
㋒ **個人情報保護**法

❹ ① ㋐ **世界人権宣言**　㋑ **国際連合（国連）**
㋒ **国際人権規約**
② **NGO**

❺ ① ㋐ **平和**　㋑ **国権**　㋒ **戦争**
㋓ **武力**　㋔ **永久**　㋕ **交戦権**
② **自衛隊**
③ 核兵器を **持たず，つくらず，持ち込ませず**

❻ ① 日本の役割 ㋓　アメリカの役割 ㋐
② ㋒　③ **カンボジア**

考え方

❶ ① ワイマール憲法は第一次世界大戦後のドイツで制定された憲法である。国民主権を定め，市民の自由を保障し，社会権を保障した。

②③ 日本国憲法において保障されている社会権は，生存権は第25条，教育を受ける権利は第26条，勤労の権利と労働基本権は第27条，労働基本権（労働三権）の団結権，団体交渉権，団体行動権（争議権）は第28条で規定されている。

❷ ① 参政権は，政治に参加する権利のこと。㋐と㋑はどちらも参政権である。㋒は人権の侵害があった場合，国に対して保障を求める請求権である。㋑の請願権と混同しないように覚える。

② ② 例えば，有罪判決が一回出されたのちに，無罪であったことがわかる冤罪などで，有罪判決を受けた人がその期間の補償を求める権利のことを刑事補償請求権という。

❸ ① 国民の三つの義務は，普通教育を受けさせる義務，勤労の義務，納税の義務であり，そのうち納税の義務以外の二つは権利の面もある。

② ㋔ 国家公務員・地方公務員は，その地位の特殊性や職務の公共性から労働基本法に厳しい制限を受けている。労働三権のうち，団結権は認められるが，団体交渉権は制限され，団体行動権（争議権）のストライキは禁止されている。

③ ㋐知る権利は，国では情報公開法，地方では条例による情報公開制度によって具体化され，国民が国・地方公共団体が持つ公的文書などの情報は，国民の要求に基づき開示しなければならない。

❹ ① ㋐世界人権宣言は，基本的人権と自由を保障した宣言であり，考え方である。この考え方を具体化させ，法的拘束力を持った条約の㋒国際人権規約を世界各国は批准した。日本は一部を除いて批准した。

❺　日本国憲法は，前文で平和主義を掲げ，第９条で戦争放棄を定めている。

❻ ❶ 1951年に調印し，1960年に改定した日米安全保障条約では，日本は米軍の日本駐留・配備を認め，駐留米軍は，他国からの日本攻撃阻止や日本国内の内乱鎮圧などにあたる。さらに，日本が攻撃を受けた場合，米軍だけでなく，日本も集団で防衛にあたることが明確化している。㋑日本国内は日本と米軍が共同して防衛する。㋒日本国内については該当するが，米軍が日本以外で攻撃を受けた場合，日本は軍事的支援はしない。

p.18-19 Step ❸

❶ ❶ ㋓ ❷ ① **生活保護法** ② ㋒
❸ A **普通教育を受けさせる義務** B **義務教育**
❹ **納税の義務** ❺ **団体行動権（争議権）**
❻ ㋓ ❼ **刑事補償請求権**

❷ ❶ ① ㋑ ② ㋐
③ 例 **インターネット上に個人情報を載せられた。**
❷ **国際人権規約** ❸ ㋓
❹ **死刑廃止条約**

❸ ❶ 第９条 ❷ **自衛隊** ❸ **日米安全保障条約**

考え方

❶ ❶ ワイマール憲法は，第一次世界大戦後のドイツで制定された憲法。
❷ ① 生存権に基づいて国から生活に必要な費用が支給される生活保護のしくみは，生活保護法に基づいて作られている。
❸ 普通教育を受けさせる義務は，子どもが教育を受ける権利を保障するために日本国憲法第26条で規定されている。
❹ 日本国憲法で定められた義務が三つだけなのは，憲法が国民の人権を保障するものだからである。
❺ 労働基本権（労働三権）のうち，ストライキを行うのは団体行動権（争議権）である。あとの二つは，団結権と団体交渉権である。
❻ 裁判を受ける権利は請求権の一つである。
❼ 有罪とされたのちに無罪となったという説明から，刑事補償請求権のことであるとわかる。

❷ ❶ ① 階段状になっているマンションは，北側に向けて建物が低くなるように建てられており，マンションの北側にある住宅の日光をさえぎらないようにしている。環境権の一つである日照権に配慮して建てられているものである。
② 自己決定権とは，自分のことは自分で決める権利。社会が発達し，多様な生き方が認められるようになってきた中で主張されるようになった。インフォームド・コンセントとは，手術を受けるときなどに，患者が十分な説明を受けて，自分で治療方針などに納得したうえで同意すること。
❷ 国際人権規約を日本が批准したのは1979年である。
❸ 女子差別撤廃条約を受けて制定されたのは男女雇用機会均等法であるが，1991年には㋑育児・介護休業法，1999年には㋐男女共同参画社会基本法が制定され，男女がともに対等な立場で活躍する社会をつくることが求められている。㋒は今もなお続く部落差別を解消するために2016年に制定された。
❹ 日本はまだ刑事罰としての死刑が残っているため，死刑廃止条約には批准していない。

❸ ❶ 平和主義の理念に加え，軍隊の不保持や交戦権の否認などが掲げられている。
❷ 朝鮮戦争の際に設立された警察予備隊が1952年に保安隊と改組され，1954年に現在の自衛隊となった。政府は自衛隊について，憲法第９条でいう「戦力」にはあたらず，憲法は「自衛のための必要最小限度の実力」を保持することを禁止していないと説明している。

第３章 私たちの暮らしと民主政治①

p.20 Step ❶

❶ **民主主義** ❷ **間接民主制** または **議会制民主主義（代議制）**
❸ **小選挙区制** ❹ **比例代表制** ❺ **一票の格差**
❻ **与党** ❼ **連立政権** ❽ **世論** ❾ **国会**
❿ **二院制** ⓫ **衆議院の優越** ⓬ **両院協議会**
⓭ **閣議** ⓮ **議院内閣制**

p.21-23 **Step 2**

❶ ㋐ 秘密選挙 ㋑ 直接選挙 ㋒ 普通選挙
㋓ 平等選挙 ㋔ 期日前投票 ㋕ 不在者投票
㋖ 在外投票

❷ ❶ ㋐ 与党 ㋑ 野党 ㋒ 過半数
㋓ 内閣総理大臣の指名
❷ 政権 ❸ 連立政権 ❹ 政党政治
❺ 例 両院協議会で調整ができない場合は，衆
議院の議決が優先される。

❸ ❶ ㋐ 世論 ㋑ マスメディア
㋒ フェイクニュース
❷ 例 任期中に起きた新しい問題に対して，主
権者である国民の意見が反映できる。
❸ 世論調査

❹ ❶ ㋐ 常会（通常国会） ㋑ 臨時会（臨時国会）
㋒ 参議院の緊急集会 ㋓ 特別会（特別国会）
❷ ㋐ 30 ㋑ 解散 ㋒ 3年 ㋓ 小選挙区
㋔ 選挙区

❺ ❶ ㋐ 法律 ㋑ 予算 ㋒ 決算 ㋓ 弾劾裁判
㋔ 内閣総理大臣
❷ ㋐ 本会議 ㋑ 委員会 ㋒ 公聴会

❻ ❶ ㋒・㋓・㋔
❷ ㋐
❸ A （内閣総理大臣の）指名
B 内閣不信任決議 C 解散 D 国会議員
❹ ㋐・㋒

考え方

❶ 期日前投票と不在者投票の共通点は，投票
日の前日までに投票できることで，相違点は，
前者が選挙区内に設けられた投票所で行う
が，後者は入院中の病院，出張先や旅行先
などの滞在地で行うことなどである。

❷ ❶ 与党は議院内閣制の議会の多数党で，政権
担当政党である。
❺ 衆議院の優越の一つ。両院協議会で意見が
一致しないか，参議院で10日以内に指名し
ないとき衆議院の指名を国会の指名とする。

❸ ❶ ㋑ マスメディアを通じて，情報を伝えるこ
とをマス・コミュニケーション（マスコミ）
といい，世論形成に大きな影響力を持って
いる。

㋒ フェイクニュースの拡散で世論が影響を
受ける恐れがある。

❹ ❶ ㋑ 臨時会は，いつまでに召集しなければな
らないのか規定されていないため，与党の
都合で開会されることが多い。
❷ ㋔ 参議院の選挙は，比例代表制と，1選挙
区で1名か2名以上が選出される選挙区制
がある。

❺ ❶ 裁判官には司法権の独立があるため，国民
審査，心身の故障以外で辞めさせられる場
合は，この弾劾裁判に限られる。

❻ ❷ 保育所は児童福祉施設として厚生労働省が
担当しているが，幼稚園は教育施設なので，
文部科学省が担当していることに注意。
❸ 衆議院から内閣へ内閣信任・不信任決議が
行える一方，内閣から衆議院へは解散の決
定ができる。また内閣総理大臣は必ず国会
議員で，国務大臣の過半数は国会議員でな
ければならない。このように，内閣が国会
の信任によって成立している政治のしくみ
を議院内閣制という。
❹ ㋑ 行政の範囲外のこと。㋓，㋔は行政改革
が不要な場合。

p.24-25 **Step 3**

❶ ❶ X 小選挙区制 Y 比例代表制
❷ ㋐ A 3 B 2 C 1
㋑ A 4 B 3 C 1
❸ X
❹ 例 民意の反映が偏る，または限定される。

❷ ❶ 世論
❷ 例 政治への無関心を起こし，政治参加とし
て重要な投票への意識が低くなる。
❸ ① 満18歳以上 ② ㋑・㋓

❸ ❶ A ㋒ B ㋑
❷ 長所 例 法律の原案作成で行政と与党は，
意見を出しやすく調整も早いことが多い。
短所 例 国会の審議が形がい化しやすい。
❸ 例 国会議員が選ぶ内閣総理大臣とちがい，
大統領は国民が選挙で選んでいるから。

考え方

❶ ① X は選挙区ごとに１名が当選する小選挙区制。Y は有権者が政党に投票し，政党の得票数に応じて議席を配分する比例代表制。

②

[6 名の場合]

得票数	÷1	÷2	÷3	
A党	600	300	200	3 名
B党	450	225	150	2 名
C党	240	120	80	1 名

[8 名の場合]

得票数	÷1	÷2	÷3	÷4	
A党	600	300	200	150	4 名
B党	450	225	150	112.5	3 名
C党	240	120	80	60	1 名

④ 民意は当選者によって反映すると考えると，死票が多いと，民意は反映されにくいという内容が書かれていればよい。

❷ ② メディアと政治の結びつきから答えを組み立てる。

③ ② SNSに流れる情報は趣味，娯楽などに集中しやすく，政治の情報は，誹謗（ひぼう）中傷の対象か無視されやすい傾向がある。また，自ら取材・編集する能力のある報道機関からの情報に比べて信頼性は低い。

❸ ② 議院内閣制は，行政と立法のうち与党との関係が密接であるため，国会開会前に政策が決定し，国会は採決の場になりやすい。

③ 大統領制は，行政と議会の構成員の重複や，行政の議会解散権，議会の大統領不信任決議権がなく，元首かつ行政の長としての大統領の権力が大きくなりやすい。

第３章 私たちの暮らしと民主政治②

p.26 Step ❶

① **裁判（司法）** ② **司法権の独立**
③ **三審制** ④ **民事裁判** ⑤ **刑事裁判**
⑥ **三権分立** ⑦ **裁判員制度**
⑧ **地方自治** ⑨ **地方分権**
⑩ **地方公共団体（地方自治体）**
⑪ **直接請求権** ⑫ **地方税** ⑬ **地方交付金**

p.27-29 Step ❷

❶ ① A **控訴** B **上告**
C **家庭裁判所** D **高等裁判所**
② **最高裁判所，下級裁判所**
③ **三審制**

❷ ① ㋒ ② **調停**
③ 民事裁判 ㋑・㋒
刑事裁判 ㋐・㋓
④ **冤罪（えんざい）** ⑤ **再審（さいしん）制度**

❸ ① ㋒
② ㋐ **地方** ㋑ **刑事** ㋒ 20
㋓ 6 ㋔ 3

❹ ① ㋐ **国会** ㋑ **内閣** ㋒ **裁判所** ㋓ **独立**
㋔ **抑制** ㋕ **均衡** ㋖ **集中**
② A㋐ B㋒ C㋑

❺ ① ㋐ **直接請求** ㋑ **市町村合併**
㋒ **住民投票** ㋓ **情報** ㋔ **オンブズマン**
② ① 30 ② 25

❻ ① **地方税**
② 例 **地方公共団体の財政格差をなくすために国から配分されるお金。**
③ ㋐ ④ **地方債** ⑤ **市町村合併**

考え方

❶ ② 下級裁判所とは，高等裁判所，地方裁判所，家庭裁判所，簡易裁判所のことをまとめた呼び方。

③ 裁判は慎重（しんちょう）な審理（しんり）をもとに判決が下されるが，常に正しい判断が下されるとは限らない。三審制は，より慎重に裁判を行うことで，国民の権利を守るためのものである。

❷ ① ㋐ 刑事裁判で訴えられた人は被告人という。被疑者は，罪を犯（おか）した「疑いのある人」で，被疑者が起訴されると被告人となる。㋑被疑者・被告人は法律に詳（くわ）しくないことから，弁護人の助けを得られる権利が保障されている。㋓和解にいたることがあるのは民事裁判。

③ 民事裁判は，私人間の権利の侵害（しんがい）による争い事に関する裁判である。刑事裁判は犯罪を裁く裁判である。㋐空き巣は窃盗（せっとう）であり犯罪である。

㋒国民が権利を侵されたとして国を訴えた裁判である。国を相手にした民事裁判は行政裁判という。㋒出版物に権利を侵害されたとして訴えた裁判である。㋑ひき逃げは、車両で人身事故を起こした際に、救護義務を行わずに事故現場から逃走することで犯罪である。

❺再審は、判決確定後に、新しい証拠に基づいた不服申し立てを裁判所が認めた場合に限って、裁判のやり直しが行われる制度。

❸ ❶ ㋒再審制度は、確定した判決に重大な誤りがあると疑われる場合に、裁判のやり直しを行うことであり、司法制度改革以前より導入されている。

❷裁判員制度は、満20歳以上の有権者から抽選で選ばれた裁判員6名と裁判官3名が殺人など重大な刑事裁判の第一審のみ実施される。裁判員は、裁判官とともに有罪か無罪か、有罪の場合の刑罰まで決定する。評決は、裁判官と裁判員各1名以上の賛成が条件の多数決で行う。

❹ ❶ 三権分立は、国会、内閣、裁判所という独立した権限を抑制、均衡することで、行き過ぎた権力の行使を防ぐことを目的としている。

❷ B ㋒法律の違憲審査は、裁判所が法律を制定した国会に対して行う。

❺ ❶ ㋒住民投票では、住民にとって重要な案件について条例を作って、住民投票を行うケースが増えてきた。ただし、法的拘束力はない。㋑オンブズマン制度は、国民や住民の立場から行政などを監視する制度のこと。日本は、地方公共団体レベルのみに設けられている。

❻ ❷ 地方交付税の支給元と配分される目的について書かれていれば正解。地方交付税は、使い道の指定はなく自由に使うことができる一般財源である。

❸ 国庫支出金は、義務教育や福祉など、使い道が限定されている特定財源である。

---

p.30-31　Step❸

❶ ❶ ア 高等裁判所　イ 地方裁判所
ウ 簡易裁判所

❷ ㋑　❸ ㋑

❹ X：A　Y：B　Z：A

❺ 例 間違った判決を防いで人権を守るため。

❷ ❶ 三権分立

❷ ① オ　② エ　③ ケ　④ ア

❸ 憲法の番人　❹ ㋐

❸ ❶ 首長　❷ 住民投票

❸ ① 31%　② 地方債

❹ 例 政治に参加する機会。

考え方

❶ ❷ 最高裁判所長官の指名は内閣が行い、任命は天皇が行う。また、その他の最高裁判所裁判官の任命は内閣が行う。

❸ 第一審から第二審が控訴、第二審から第三審が上告となるので㋑が正解。

❹ 図のAは民事裁判で、個人間や企業間の私的な争い解決するので、XとZ。図のBは刑事裁判で、犯罪行為に対して有罪か無罪かを判断するもので、Yがあてはまる。

❺ 冤罪などの間違った判決を防ぐことが目的であることが書けていれば正解。1つの事件について3回裁判の機会を設けることで、慎重に裁判を行うことができ、人権を守ることができる。

❷ ❶ 三権分立は、国の権力を司法、行政、立法の3つの機関に分けることで、権力の集中を防ぎ、互いに行きすぎを抑えている。

❷ ① 違憲審査権の行使は裁判所が法律を制定した国会に対して行う。② 弾劾裁判所は裁判官がふさわしくない行為をした場合に辞めさせるかどうかを国会が判断するところ。③ 内閣不信任を決議できるのは衆議院なので国会。④選挙は国民が国会議員を選ぶ。

❹ ㋑ 満18歳以上ではなく、20歳以上の国民から選ばれる。㋑裁判官ではなく、裁判員が判決を宣告する。

❸ ❶ 都道府県知事と市（区）町村長のことは首長という。

❷ 首長や地方議会議員の解職や地方議会の解散といった，選挙で選ばれた人の解職や解散の請求先は選挙管理委員会である。そのほかの主要な職員の解職請求先は首長である。

❸ ① 国から支給される資金は，地方交付税と国庫支出金である。その数値を足した割合を答えればよい。②地方債は地方公共団体が資金を借り入れする際に発行する債券である。

❹ 選挙権は自分たちの代表を選ぶことで政治に参加する重要な手段である。選挙を棄権することは，政治への参加を放棄することという内容が書かれていればよい。

第4章 私たちの暮らしと経済①

p.32 Step ❶

❶ 消費 ❷ 所得 ❸ 電子マネー
❹ クーリング・オフ制度
❺ 製造物責任法（PL法）
❻ 消費者基本法 ❼ 卸売業 ❽ 資本主義経済
❾ 公企業 ❿ 株式会社 ⓫ 株主総会 ⓬ 配当
⓭ 企業の社会的責任（CSR） ⓮ 労働組合
⓯ 非正規労働者 ⓰ ワーク・ライフ・バランス

p.33-35 Step ❷

❶ ❶ 家計 ❷ ① 財 ② サービス
❸ 貯蓄 ❹ クレジットカード ❺ 電子マネー
❻ a 例 現金を用意しなくても，買い物ができること。
b 例 お金を使いすぎてしまうこと。

❷ ❶ ㋑ ❷ 製造物責任法（PL法）
❸ 例 訪問販売などによる商品購入の場合，一定期間内なら理由に関わらず契約（けいやく）を解除できる制度。

❸ ❶ 小売業（こうり） ❷ a ㋑ b ㋓ c ㋐ d ㋒
❸ 産地直送
❹ a ㋓ b ㋐ c ㋒ d ㋖

❹ ❶ 資本
❷ 例 財やサービスをつくり出す活動。
❸ a ㋑ b ㋒ c ㋐ d ㋓

❺ ❶ ㋐ 株式 ㋑ 株主 ㋒ 配当
❷ 有限責任制 ❸ 取締役会（とりしまりやく）

❻ ❶ 年功序列賃金 ❷ 非正規労働者
❸ ワーク・ライフ・バランス
❹ ① 労働基準法 ② 労働組合法
❺ 労働基準監督署（かんとく）

[考え方]

❶ ❶ 私たちの消費生活では，働いて得た所得を使って，財やサービスを購入している。
❹❺ クレジットとは信用販売の意味。クレジットカードの使用により，後日決まった期日に支払いを約束するもの。電子マネーとは，ICカードや携帯電話などの通信回線を利用して支払い（取引の決済）をするシステム。ICとは，大量の情報を記録したり

演算をしたりする機能をもった電子部品のこと。

❷ ⓷ 契約の解除は，内容証明郵便など書面による通知を行う必要がある。

❸ ⓵ d オンラインショッピングは購入場所や時間の制約がないため，近年売り上げを急速に伸ばしている。しかし，小売店での買い物のように店員に質問しながら商品を選択することが難しいため商品の内容が予想と違うことや，品質に問題がある商品が流通しやすくなるなどの問題点も指摘されている。

⓸ a 運送業におけるトラックや貨物の輸送の管理は，GPS（人工衛星による位置の把握）によって行われることが多くなっている。

❹ ⓵ 一般に資本・土地・労働力を生産の三要素という。このほかに企業がもつ特許や独自のノウハウなどの「知的財産」を生産の要素に含める場合もある。

⓷ 日本，アメリカ，ヨーロッパ諸国など，現在ではほとんどの国の経済が資本主義経済である。

❺ ⓷ 取締役会は，株主総会で選任した役員によって構成されている。実際の経営は取締役によって行われるが，株主は株主総会を通じて経営の基本方針に関して意見を述べることができる。

❻ ⓵ 経済のグローバル化が進み，多くの企業が効率性重視の経営を求められるなか，終身雇用や年功序列賃金を見直し，一人ひとりの能力や仕事の成果に応じた賃金（能力給）へと転換する企業も出てきた。

⓸ ① 1日の労働時間は8時間以内，1週間の労働時間は40時間以内，1週間で最低1日は休日にしなければならないことなどが定められている。

p.36-37 Step ❸

❶ ⓵ ① **所得** ② **税金** ③ **消費** ④ **現金**

⓶ ① B ② A ③ B ④ A

⓷ **交通・通信** ⓸ 例 **理由に関わりなく**

❷ ⓵ A **私企業** B **独立行政法人**

⓶ ① **国や地方公共団体が資金を出して運営する企業。**

② 例 **公共性が高く，利益追求を目的としていない事業を行うから。**

⓷ ① **投資** ② **企業の社会的責任**

❸ ⓵ **ワーク・シェアリング** ⓶ **終身雇用**

⓷ **サービス残業** ⓸ ㋑

⓹ 例 **賃金が安く，雇用も不安定であるから。**

[考え方]

❶ ⓶ 衣類や書籍，食べ物のように形のあるものを財といい，医療や美容院でのカットのように，形のないものをサービスという。

⓷ 情報社会が急速に進展する中，家計に占める交通・通信の割合も増加している。

⓸ 通常，一度成立した契約は一方的に取り消すことはできない。しかし訪問販売や電話勧誘販売など，冷静に判断する前に契約してしまうことがある。そこで，消費者が頭を冷やして考えることができるように，契約後一定の期間内であれば，無条件で契約を取り消すことができる制度がクーリング・オフ制度である。

❷ ⓵ A 利潤を目的とする企業を私企業，利潤を目的としない企業を公企業という。

⓶ ① 都市ガス・都市交通・水道などの地方公営企業，造幣局，国立科学博物館などの独立行政法人などがある。

⓷ ② 従業員にとって働きやすい環境を整備したり，株主に正しく経営状況を報告したり，環境に配慮したりなど，企業にはさまざまな社会的責任を果たすことが期待されている。

❸ ⓵ ワーク・シェアリングは，雇用を増やしたり，維持したりするときに有効で，1人あたりの労働時間が短縮されて，失業率は下がるが，1人あたりの労働生産性が低下する恐れがある。

⓶ かつて日本の企業の多くが，終身雇用や年功序列賃金を採用してきたが，近年の厳しい企業間競争を勝ち抜くために，終身雇用を見直したり，仕事の成果に応じて賃金を決める能力給を採用したりする企業が増えている。

⓷ 時間外労働時間（残業）に対しては，割増賃金が支払わなければならない。適切な賃金が支払われない残業を，サービス残業という。

⓸ ㋐ 正規雇用者数は増加したり，減少したりしている。㋒非正規雇用者の割合は，1985年は約15%，2020年は約36%と，約21%増加している。㋓非正規雇用者数は，1985年は約500万人，2020年は約2000万人と，約４倍増加している。

⓹ 非正規労働者側のメリットは，働く日数や時間を選べることである。

第４章 私たちの暮らしと経済②

p.38 Step ❶

⓵ **価格** ⓶ **市場経済** ⓷ **均衡価格** ⓸ **公共料金**
⓹ **融資** ⓺ **利子（利息）** ⓻ **政府の銀行**
⓼ **発券銀行** ⓽ **直接金融** ⓾ **間接金融**
⑪ **株式市場** ⑫ **社会資本** ⑬ **間接税**
⑭ **歳出** ⑮ **国内総生産（GDP）**

p.39-41 Step ❷

❶ ⓵ ① **価格** ② **個数（数量）**
⓶ A **需要曲線** B **供給曲線**
⓷ ① **均衡価格**
② 値段 **300円** 個数 **40個**

❷ ⓵ ① **競争** ② **公正取引委員会**
⓶ **独占禁止法**
⓷ 例 **国民生活への影響が大きいため。**

❸ ⓵ ① **融資** ② **利子（利息）** ③ **利潤（利益）**
④ **中央** ⑤ **紙幣（日本銀行券）** ⑥ **税金**
⓶ ㋒ ⓷ **銀行の銀行**

❹ ⓵ a **間接金融** b **株式** c **社債**
⓶ ① d **需要量（供給量）** e **供給量（需要量）**
② **利ざや** ③ **投機**

❺ ⓵ A **資源配分** B **所得の再分配**
C **経済の安定化**
⓶ ① **B** ② **A** ③ **C**
⓷ a **好況（好景気）** b **高**
c **不況（不景気）** d **低**

❻ ⓵ ① **予算** ② **公債金** ③ **国債**
④ **社会保障関係費**
⓶ ⑤ 例 **指定されずに自由に使うことができること**
⑥ 例 **人口や経済規模による歳入の差を縮小**

[考え方]

❶ ⓶ 需要曲線は消費者が買いたいと思う量，供給曲線は売り手が売りたいと思う量を示している。価格が安いときは，消費者は商品をたくさん買うが，高いと買おうとしないため，需要曲線は右下がりとなる。一方，価格が安いと売り手は商品を売ろうとしないが，高いとたくさん売ろうとするため，供給曲線は右上がりとなる。

❷ ⓵ ② 独占禁止法の運用は公正取引委員会で行っている。価格の増減が市場価格から離れて価格競争力が弱まると，消費者にとって不利な状態になる。
⓷ 電気・ガス・水道・教育などは，誰にとっても必要なものであり，これらの財やサービスには，公平な供給が求められている。

❸ ⓵ ②③ 銀行は，貸付と預金の利子の差をつけることで利益を上げている。ただし，現状の銀行は各種手数料収入や株式などへの投資の割合が増加している。
⑤ 2024年，新一万円札（渋沢栄一），五千円札（津田梅子），千円札（北里柴三郎）が発行される予定である。
⓶ 銀行には都市銀行，地方銀行，ゆうちょ銀行などの一般の銀行のほか，農業協同組合などがある。また，保険会社には生命保険会社，損害保険会社などがある。

❹ ⓵ cの社債は資金を集めるという点では，bの株式と同じであるが，あらかじめ利子や返済日が決まっていて，企業があげた利益とは関係ないという点で株式とは異なっている。
⓶ ① 株価は，投資した企業の利益の見通しなどを反映しつつ，需要と供給の関係で決まる。

❺ ⓶ 財政政策は，景気の調整，失業率の引き下げ，物価の安定が主な目的である。

❻ ⓵ ② 公債金とは国債を発行して借りたお金のことである。③国が行う借金を国債，地方公共団体が行う借金を地方債といい，これらをあわせて公債という。④高齢化ととも

に社会保障関係費は増加し続け，歳出のお
よそ３分の１を占めている。

❷⑤ 国庫支出金は，義務教育や公共事業など
使い道が限定されている。

p.42-43 **Step ❸**

❶❶① C ② B ③ D ④ A

  ❷① 独占価格　② 公共料金　③ オープン価格

  ❸ 市場メカニズム

❷❶ X 国税　Y 地方税

  ❷① イ　② ア　③ ア　❸ 累進課税制度

  ❹例 所得の再分配を図るため。　❺ 逆進性

❸❶ インフレーション（インフレ）

  ❷ デフレーション（デフレ）

  ❸ 国内総生産（GDP）　❹ 景気循環

  ❺例 増税や公共事業などの歳出を減らす。

  ❻例 国債を金融機関から購入する。

考え方

❶❶① 供給量の増加（ホテルが増える），②需
要量の減少（テレビの購入が減少），③供給
量の減少（野菜の不作），④は需要量の増加
（大量購入）を示すグラフを探す。

  ❷①は１社ではないが，上位３社による独占
価格を表す。③はオープン価格を表す。書
籍や新聞など一部を除いて，定価（メーカー
希望小売価格）での販売は禁止されている。

  ❸ 市場メカニズムは，卸売と小売の段階で発
生し，需要量と供給量の関係で取引価格が
決まるというもの。

❷❶ 国税と地方税の比率はおよそ６：４である。

  ❷① 消費税は，税金を負担するのは消費者だ
が，消費税を集めて納めるのは小売店なので，
間接税となる。②法人税とは，企業の利潤
にかかる直接税である。③所得税とは，給
与や賃金にかかる直接税である。

  ❹ 所得税は，所得の高い人ほど所得に占める
税金の割合が高くなる累進課税制度がとら
れているため，税金を納めた後の所得の格
差を小さくする効果がある。税の支払い能
力に応じた税負担をするという意味におい
ては，公平である。

❺ 消費税は，労働者のみでなく，高齢者など
すべての世代が負担するという意味で，公
平であるが，所得の低い人の方が所得に占
める税負担の割合が高くなる逆進性の問題
がある。

❸❶❷ インフレになると，賃金だけでなく物価
も上昇するので，手持ちのお金の価値が減
少することになる。一方，デフレになると，
物価が下がるため，商品を購入しやすくな
るが，企業の売り上げが減り，賃金が減っ
ていくと，将来への不安から消費を控えよ
うとして，さらに企業の売り上げが下がっ
ていく恐れがある。

❸ 経済成長とは，国内総生産（GDP）が年々
大きくなることをいう。

❺ 政府は，景気の変動を安定させるために財
政政策を行う。不況のときには，道路の建
設といった公共事業を行い，公共事業を行
う企業にお金を支払う。そのお金の一部が
労働者に回ると，労働者の給与が上がり，
所得が増える。その所得が消費に回れば，
企業の売り上げが上がり，景気が上向く。
また，減税を行うことも不況のときに行う
財政政策の１つである。一方，好況のとき
には，公共事業を減らしたり，増税を行っ
たりすることで景気の行き過ぎを抑える。

❻ 日本銀行は，景気の変動を安定させるため
に金融政策を行う。不況のときには，国債
を金融機関から買い取り，お金を支払うこ
とで，世の中に出回るお金の量を増やす。
これによりお金に余裕ができる金融機関は，
個人や企業への貸出金利を下げる。個人や
企業は金融機関からお金が借りやすくなる
ため，消費や設備投資が活発になり，景気
が上向く。一方，好況のときには，日本銀
行は国債を金融機関に売却し，お金を受け
取ることで，世の中に出回るお金の量を減
らす。お金が不足した金融機関は，個人や
企業への貸出金利を上げる。個人や企業は
お金が借りにくくなり，消費や設備投資が
抑えられる。

第５章 安心して豊かに暮らせる社会

p.44 **Step ❶**

① **生存権**　② **社会保険**　③ **年金保険制度**
④ **生活保護**　⑤ **介護(かいご)保険制度**
⑥ **ユニバーサルデザイン**　⑦ **環境(かんきょう)基本法**
⑧ **公害**　⑨ **循環(じゅんかん)型社会**　⑩ **３Ｒ**
⑪ **自由貿易**　⑫ **保護貿易**

p.45-47 **Step ❷**

❶ ① **社会保障制度**
② A **社会福祉(ふくし)**　B **公的扶助(ふじょ)**
C **社会保険**　D **公衆衛生**
③ ① **健康**　② **文化**　③ **最低**

❷ ① 例 **総人口が減り，年齢別人口構成で高齢者の割合が大きくなり，子どもの数が減る。**
② **少子高齢(こうれい)社会**　③ **介護保険制度**
④ **社会資本**

❸ ① A㋑　B㋒　C㋐　D㋓
② **公害対策基本法**
③ 例 **公害に伴(ともな)う費用はその発生者が負担するという原則。**
④ **環境アセスメント**

❹ ① **リデュース，リユース（順不同）**
② **循環型社会形成促進(そくしん)基本法**
③ 例 **廃棄物を再使用して，資源の浪費(ろうひ)を抑(おさ)える社会。**

❺ ① **産業の空洞(くうどう)化**
② 例 **日本国内より，海外のほうが土地や労働力，資本が安いから。**
③ ㋒　④ ㋑

❻ ① ① ㋑　② ㋐　③ ㋐　④ ㋓
② 例（正規雇用者と比べて，）**非正規雇用者は労働時間の調整がしやすく人件費を安く抑えることができるから。**
③ **多国籍(たこくせき)企業**

考え方

❶ ② C 社会保険には，年金保険，健康保険，介護保険，雇用保険，労災保険などがある。

❷ ① 日本では，65歳以上の人の数が人口全体の中で占める割合は，2014年には26.0％に達し，世界で最も高齢化が進んだ国となっている。
③ 介護保険のサービスを受けるには，原則１割の自己負担が必要になる。

❸ ① 日本では，高度経済成長期に重化学工業化が進み，各地の工場から有害物質が未処理のまま排出された結果，大気や水が汚染され，四大公害などが発生した。
② 1967年に制定された法律は公害対策基本法。1993年に制定された環境基本法は，地球環境の環境問題にも対応するために公害対策基本法を改正したもの。
④ 1999年に環境影響評価法では，工事を行う者に住民の意見を聞くことを義務づけている。

❹ ① リデュース（減量）とは，使用済みになったものが，できるだけごみにならないように，ものを製造，加工，販売すること。例：詰替え商品を購入する，修理をしながら大切に使うなど。リユース（再使用）とは，使用済みになっても，もう１度使えるものはごみとして廃棄しないで再使用すること。例：リサイクルショップやフリーマーケットを利用するなど。また，リサイクルとは，再使用ができずにまたは再使用された後に廃棄されたものでも，再生資源として再生利用すること。例：分別収集の対象になるものは資源ごみとして出すなど。
③「持続可能な社会」とは，将来の世代が得る経済的・社会的利益をそこなわない範囲で環境を利用し，現在の世代の要求も満たしていこうとする社会のこと。「持続可能な社会」は1987年に「環境と開発に関する世界委員会」で提唱され，1992年の国連環境開発会議（地球サミット）で理念とされた。

❺ ③ BRICSはブラジル，ロシア，インド，中国，南アフリカを表している。(2020年現在)
④ 環太平洋パートナーシップ（TPP）協定とは，TPP11ともよばれ，オーストラリア，ブルネイ，カナダ，チリ，日本，マレーシア，メキシコ，ニュージーランド，ペルー，シンガポール，ベトナムによる経済連携協定である。(2020年現在)

❻ ①「産業の空洞化」により，国内の正規雇用者数は減少し，国内産業の生産量が戻(もど)って

くると，失業者や新規就労者に対して，待遇が安く，労働時間を調整しやすい非正規雇用者としての採用を増加し，労働コストを低減させた。

p.48-49 Step ❸

❶ ➊ A **社会保険**　B **公的扶助**
C **社会福祉**　D **公衆衛生**
➋ **社会福祉**
➌ **第25条**
➍ **セーフティネット**
➎ 例 **初めからだれもが利用しやすい設計，デザインにすること。**
➏ 例 **社会保障制度の給付を受ける高齢者が増加し，負担する現役世代が減少するから。**

❷ ➊ ① ㋐・A　② ㋓・C　③ ㋖・A　④ ㋑・D
➋ **公害対策基本法**
➌ **環境基本法**
➍ **汚染者負担の原則（PPP）**
➎ **環境影響評価法**
➏ **環境省**

❸ ➊ **リサイクル**　➋ **産業の空洞化**
➌ ① **円高**　② **減少**　➍ **保護貿易**
➎ **六次産業化**

考え方

❶ ➊ 日本の社会保障は，年金や医療に比べて，障がいのある人や児童に対する給付，住宅関連の給付，労働関連の給付などが，諸外国に比べて少ないことが指摘されている。また，加入している保険の種類によって，給付や保険料にかなりの格差があることなど，不公平を是正していくことが課題となっている。

➍「セーフティネット」とは，予測できない災害や事故，あるいは失業などから国民を守り，社会に安心と安全を提供するしくみのことである。

❷ ➊ ① 新潟水俣病（新潟県），③水俣病（熊本県）は，工場廃水中の水銀などによる水質汚濁の被害。②四日市ぜんそく（三重県）は，コンビナート工場群の排出した亜硫酸ガスによる大気汚染の被害。④イタイイタイ病（富山県）は，鉱山から神通川流域に流されたカドミウムによる水質汚濁の被害。これら四つの公害を四大公害という。

➌～➎ 住民運動や世論が政府や企業に公害防止の努力を促し，1967年に公害対策基本法が制定された。しかし，公害防止に強力な内容ではなかったため廃止され，代わりに1993年に環境基本法が制定された。また，1972年には自然環境保全法が制定され，1999年には環境影響評価法が施行された。

❸ ➌ 1ドル＝100円から1ドル＝80円のように，外国の通貨に対して円の価値が高くなることを円高，1ドル＝80円から1ドル＝100円のように，円の価値が低くなることを円安という。円高や円安になるのは，通貨に対する需要と供給のバランスによる。一般的に円高が進むと，商品を海外に輸出する企業にとっては，同じ商品でも外貨での価格が上昇し，価格競争では不利になるが，海外の商品を安く購入することができるなど，消費者には有利な点もある。

（例）

● 1ドル＝100円のとき
300万円の自動車は，30000ドルとなる。
1ドル＝50円のとき
300万円の自動車は，60000ドルとなる。
※円高になると，外国での販売価格が上昇するので，日本からの輸出が不利になる。

● 1ドル＝50円のとき
600ドルの香水は，30000円となる。
1ドル＝100円のとき
600ドルの香水は，60000円となる。
※円安になると，日本での販売価格が上昇するので，日本への輸入が不利となる。

➍ 保護貿易とは，他国からの輸入品に制限をかけて，自国の産業を守る政策である。制限をかける方法としては，商品に関税をかけたり，輸入量を制限したりすることなどがある。

第6章 国際社会に生きる私たち
終章 私たちが未来の社会を築く

p.50 Step 1

1 主権国家 2 国際社会 3 領域
4 国際連合（国連） 5 安全保障理事会
6 平和維持活動（PKO） 7 地域統合（地域主義）
8 政府開発援助（ODA）
9 核兵器不拡散条約（NPT）
10 国連難民高等弁務官事務所（UNHCR）
11 人間の安全保障 12 南北問題
13 SDGs（持続可能な開発目標）

p.51-53 Step 2

1 1 国旗 日章旗（日の丸） 国歌 君が代
2 主権
3 A 領空 B 領海
C 排他的経済水域 D 公海
4 ① 尖閣諸島 ② 北方領土 ③ 竹島

2 1 アメリカ，ロシア，中国，
イギリス，フランス（順不同）
2 A 五大国一致 B 拒否権 C 総会
D 国連教育科学文化機関（UNESCO）
E 世界保健機関（WHO）
F 国連児童基金（UNICEF）

3 1 ㋐ EU（ヨーロッパ連合）
㋑ ASEAN（東南アジア諸国連合）
㋒ AU（アフリカ連合）
㋓ APEC（アジア太平洋経済協力）
㋔ USMCA（米国・メキシコ・カナダ協定）
㋕ MERCOSUR（南米南部共同市場）
2 環太平洋パートナーシップ（TPP）協定

4 1 冷戦
2 ① テロリズム ② ㋐・㋓ ③ 難民
④ 国連難民高等弁務官事務所（UNHCR）
⑤ 南南問題

5 1 アフリカ州
2 A 食糧 B 家畜 C カロリー Dロス

6 1 SDGs
2 A㋒ B㋐ C㋓ D㋑

[考え方]

1 1 日本の国旗と国歌は昔から日章旗（日の丸）と君が代であったが，法的に定められたのは1999年の国旗・国歌法によってである。

3 領空は，領土と領海の上空である。領土・領海・領空は，その国の主権がおよぶ領域となる。排他的経済水域は沿岸国が漁業資源や鉱物資源などを利用する権利をもつ水域で，領海の外側の，沿岸から200海里までの水域。その外側は公海となっており，国を問わず，自由に航行できるとされている（公海自由の原則）。南極大陸や宇宙空間は，どの国も領域にできないとされている。

4 ①尖閣諸島は，先島諸島の北方に位置しており，沖縄県石垣市に属しているが，中国が領有権を主張している。②と③はいずれも日本固有の領土だが，他国に不法に占拠されている。②北方領土は，歯舞群島，色丹島，国後島，択捉島からなり，第二次世界大戦後にソ連が不法に占拠した。ソ連を引き継いだロシア連邦に対して，日本は北方領土の返還を求めている。③竹島は，隠岐諸島の北西に位置し，島根県の隠岐の島町に属している。現在，韓国が不法に占拠しているため，日本は韓国に対して抗議を続けている。

2 1 常任理事国は，第二次世界大戦の敗戦国である日本やドイツは含まれない。

2 A・B常任理事国のうち1か国でも反対すると，重要な問題についての決議ができない。Cは全加盟国からなり，年1回定期的に開かれる。Dのユネスコは，世界遺産の登録を行うほか，文化の面で世界平和に貢献する目的を持っており，子どもたちが文字を読めるようになるための支援も行っている。Fのユニセフでは，子どもの健康を守るための活動や，子どもの権利条約に基づいてその生命や成長を守る活動をしている。

3 1 地域ごとに結び付いて，経済や安全保障などにおいて協力し合う組織をつくることを地域主義という。

2 環太平洋パートナーシップ協定に，日本は2016年から参加しているが，海外から安い農作物が輸入されて国内の農業などに打撃をあたえる可能性があるとも考えられている。

❹❷ 人種・宗教・政治的意見などを理由として迫害を受ける可能性があるため，自国外におり，自国の保護を受けられない人々を難民といい，政治難民と呼ぶことが多い。近年では，国内の飢餓・貧困などから逃れるために脱出した経済難民も増えている。シリア内戦を要因とする難民は世界の約10%を占めている。

❺ 世界全体の年間穀物生産量は120億人（現在の人口は約78億人）が生きるのに十分であるが，約４割が家畜用の飼料となる。先進国は食糧過剰の状態にある一方で，発展途上国では５人に１人が深刻な栄養不足の状態にある。発展途上国には，資金不足のため農業の近代化が進まない国や，輸出用商品作物の栽培を優先して国内の食糧確保を困難にしている国もある。近年では，バイオエタノールの生産に伴うとうもろこしなどの需要増加や，投機的資金の穀物市場への流入などで食品価格が急騰し，深刻な食糧危機にみまわれた発展途上国もある。

❻ SDGsは，現在の世界をより良いものにしていくため，2030年までに挙げられた課題を解決し，目標を達成していくために作られた。それは持続可能な開発目標として定められ，ターゲットを明確化することで，先進国も発展途上国もそれぞれにやらなければならないことを考え，取り組んでいる。

p.54-55　Step ❸

❶❶ A **キリスト教**　B **イスラム教**
　　C **ヒンドゥー教**　D **仏教**
　❷ ⓐ **エルサレム**　ⓘ **ユダヤ**　ⓤ **イスラム**
　　ⓔ **キリスト**　ⓞ **イスラエル**
❷❶ A ⓦ　B ⓐ　C ⓞ　D ⓔ　E ⓚ　F ⓘ
　❷ A ⓐ　B ⓔ　C ⓞ　D ⓘ　E ⓤ
❸❶ A ⓘ　B ⓐ　C ⓤ
　❷ ⓐ **地球温暖化**　ⓘ **地球サミット**
　　ⓤ **持続可能な**　ⓔ **京都議定書**
　　ⓞ **パリ協定**

考え方

❶❶ 民族をこえて人間そのものを対象とする宗教を世界宗教といい，仏教・キリスト教・イスラム教は三大宗教と呼ばれる。ヒンドゥー教は，バラモン教に複雑な民間信仰が結合して成立したインドの民族宗教。

　❷ パレスチナ問題は，第二次世界大戦後にユダヤ人国家としてのイスラエルが成立すると，アラブ人との戦争が起こり，頻発した。

❷❶ 現在使用している化石燃料は有限で，その大量消費により大気汚染や地球温暖化などの環境問題が深刻になっている。また，資源産出国・地域は一部にかたより，資源の安定供給の観点からも問題である。そこで，現在では，自然環境の中で繰り返し使えてクリーンな再生可能なエネルギーの開発が進められている。しかし，現時点では大規模な供給は困難で，経済的な効率も高くない。

　❷ Cのフランスは原子力発電，Dのドイツは再生可能エネルギー，Eのカナダは水力発電による割合が高い。日本は，以前は原子力発電の割合が約30%あったが，現在では火力発電の割合が高くなっている（2019年）。

❸❶ 二酸化炭素やメタンなどの温室効果ガスの大量排出が，地球温暖化の原因となっている。地球温暖化により，北極圏や南極大陸の氷が溶けて海面が上昇したり，気候変動により洪水や干ばつなどの自然災害が多発することや，農作物の成長に深刻な影響を与えることなどが心配されている。

　❷ 1997年にCOP 3 で採択された京都議定書だが，アメリカは，途上国に削減義務がないことなどを不満として，早々に離脱した。日本も，大量排出国のアメリカや中国が不参加なまま延長するのは不公平で実効性もないとして2013年以降の不参加を決めた。その後，2015年12月，京都議定書に代わり，温室効果ガス排出削減の新たな枠組として「パリ協定」が採択された。

テスト前 ☑ やることチェック表

① まずはテストの目標をたてよう。頑張ったら達成できそうなちょっと上のレベルを目指そう。
② 次にやることを書こう（「ズバリ英語〇ページ，数学〇ページ」など）。
③ やり終えたら☐に✔を入れよう。
　　最初に完ぺきな計画をたてる必要はなく，まずは数日分の計画をつくって，
　　その後追加・修正していっても良いね。

目標

	日付	やること1	やること2
2週間前	／	☐	☐
	／	☐	☐
	／	☐	☐
	／	☐	☐
	／	☐	☐
	／	☐	☐
	／	☐	☐
1週間前	／	☐	☐
	／	☐	☐
	／	☐	☐
	／	☐	☐
	／	☐	☐
	／	☐	☐
テスト期間	／	☐	☐
	／	☐	☐
	／	☐	☐
	／	☐	☐
	／	☐	☐

テスト前 ☑ やることチェック表

① まずはテストの目標をたてよう。頑張ったら達成できそうなちょっと上のレベルを目指そう。
② 次にやることを書こう（「ズバリ英語〇ページ，数学〇ページ」など）。
③ やり終えたら□に✓を入れよう。
　最初に完ぺきな計画をたてる必要はなく，まずは数日分の計画をつくって，
　その後追加・修正していっても良いね。

目標

	日付	やること1	やること2
2週間前	／	□	□
	／	□	□
	／	□	□
	／	□	□
	／	□	□
	／	□	□
	／	□	□
1週間前	／	□	□
	／	□	□
	／	□	□
	／	□	□
	／	□	□
	／	□	□
	／	□	□
テスト期間	／	□	□
	／	□	□
	／	□	□
	／	□	□
	／	□	□